逆転の英文法
ネイティブの発想を解きあかす

伊藤笏康 Ito Shakko

逆転の英文法──ネイティブの発想を解きあかす　目次

序章
「訳語」から「発想」へ……7

訳語に頼らない英語勉強法／翻訳の恩恵とは？
自国語で考えるということ／外国語で考えるということ
日本が誇るべき翻訳文化／しかし訳語がすべてではない
「はい」と「いいえ」の発想／'yes' と 'no' の発想
なぜ「発想」が大事なのか／この本のねらい

第 1 章
イヌと dog は何がちがうのか？……21
──代名詞・普通名詞の発想

授業で出会うヘンな日本語／教科書のありえない会話
'I am a boy.' から何が学べるか／父を「彼」と呼ぶ不思議
'what' は「何」と訳せるか？／'he' って誰のこと？
「人称代名詞」とは？／3人称は特別だ／'he' が使える3つの条件
'he' を正しく訳すには？／'it' も要注意
発想のちがう言葉は翻訳できない／学校英語、最大の誤り
じっさいの例文を見よう／「裸の単数形」とは？
ネイティブも答えられない疑問／図鑑が教えてくれること
辞書が教えてくれること／「裸の単数形」は概念だ
「裸の単数形」がめったに使われない理由
イヌと 'dog' の根本的なちがい
「内包」と普通名詞／「外延」と普通名詞
普通名詞とは何か／普通名詞は個体を指せない
固有名詞だけでは生きていけない／個体を指すことの大切さ

第 2 章

aとthe は本当にややこしいのか？……61
──冠詞の発想

なぜ冠詞が必要なのか？／英語で個体を指すには
英語には「取り出し」の発想がある／限定詞のはたらき
限定詞はたったの6種類／日本人が陥りやすい誤解
限定詞えらびの習慣を／限定詞は「ふつうの形容詞」にあらず
「含まれる」と「取り出す」のちがい
'this' と 'that' のはたらき／'this' の取り出し方
'X's' の取り出し方／限定詞は多様な個体を示す
冠詞の発想をさぐる／2種類の取り出し方
限定的な取り出し／非限定的な取り出し
不定冠詞 'a' の取り出し
'a' を用いる5つの場面／'a' の本当の意味
'a' と 'one' のちがい／'a' と 'some' のちがい
'a' と 'any' のちがい／定冠詞 'the' の取り出し
絞り込みの《ヒント》と《手続き》
'the' を用いる3つの場面／'the' の本当の意味
文脈なしに使われる 'the'／その他の定冠詞の用法

第 3 章

ロンドン橋は、いま「落ちている」のか？……113
──現在形・進行形の発想

動詞こそがもっとも大事な語／動詞は王様、名詞は家来
動詞をめぐる誤解／動詞にはいろいろな形がある
その訳語はインチキだ／「テニスをします」は正しい和訳か？
状態動詞と動作動詞／はたらきを補い合う関係

進行形は「している」でよいのか？／ロンドン橋の謎
進行形の何が問題か？／グラフを描けば動詞が分かる
進行形の作業グラフ／進行形のネイティブ発想
「ロンドン橋落ちる」はなぜ進行形になるのか？
「している」と「しそうだ」
日本語はグラフの形を見て表現する／進行形の訳し方
状態動詞の作業グラフ／「態勢」の有無
単純形の 'love' が使える条件
状態動詞は単純形と相性がよい
状態動詞は進行形にならないのか？
動作動詞を単純形にすると／「くり返し行動」の単純形
「くり返し行動」の作業グラフ／「くり返し行動」の進行形
「裸の単純形」を用いる4つの場面
「裸の単純形」の作業グラフ／「態勢」の再登場
本章のまとめ

第 4 章
「食べてしまった」は正しい訳語か？……171
——完了形の発想

日本人は完了形が苦手？／結果用法のはたらき
英語の過去形はむずかしい／過去形は「時」を指定する
結果用法は、過去をダシにしていまを述べる
過去形と結果用法の使い分け
訳し分けのテクニック／結果用法の作業グラフ
結果用法が見ている期間／継続用法のはたらき
継続用法と単純形のちがい／継続用法の作業グラフ
完了形にひそむ「中締め」の発想
動作動詞を継続用法で使える場面／完了用法のはたらき

完了用法の作業グラフ／完了用法は結果用法の特殊例
3つの用法を貫く発想／行動は「流れ」か「ダンゴ」か
過去形と過去進行形／過去形には独自の情報がある
「アオリスト」とは何か／単純過去と単純未来
現在のアオリスト／行動と言葉の同時進行
遂行動詞とは？／「ダンゴ」の効用
経験用法のはたらき／経験用法は異質の存在
「流れ」と「ダンゴ」が同居する

あとがきに代えて ……218
　──もし日本語が国際語だったなら

column1　賢い辞書の使い方① ……58

column2　賢い辞書の使い方② ……110

column3　賢い辞書の使い方③ ……168

序章

「訳語」から「発想」へ

英語を定型的な日本語に置き換えて、それだけで理解した気になっていませんか？ときには 'yes' が「いいえ」の意味になり、'no' が「はい」の意味となるように、訳語だのみには限界があります。お決まりの訳語から距離をおき、「発想主義」に逆転させて、英語を学んでみましょう。

訳語に頼らない英語勉強法

　この本には『逆転の英文法』という名前がついている。つまりいままで習った英文法をひっくり返して、いちだん垢抜けたステージに登ろうというのが本書の目標だ。

　だから私が読者として考えているのは、ひっくり返されるだけの英文法をすでに勉強している方たちだ。「中学・高校とまじめに英文法を習ったけれど、何か１つすっきりしない」。そんな症状をもつ**「英語大人」のための特効薬として、この本を書いてみた**。

　特効薬といっても、本書を服用する上での注意点はとくにない。電車で立って読んでも、寝転んで読んでも効果は変わらない。むしろ楽しみながら、本書をお読みいただければ幸いだ。

　本書でいう「逆転」には２つの意味がこめられている。１つは「訳語が分かれば英語が分かる」という考えがまったくの誤りだということだ。そしてもう１つは、**私たちは「英文法の何が分からないか」を完全に誤解している**ということだ。

　以下では初歩的な例を使って、そのことを説明しておこう。読み進めていくうちに、皆さんはこの２つがじつは同じことの両面であることを理解されると思う。

　とはいえ、私は訳語を馬鹿にするつもりはまったくない。むしろ日本の翻訳文化は、世界遺産なみの価値をもっていると思う。だから最初は、訳語の大切さを確認す

るところから話をはじめたい。

翻訳の恩恵とは？

　私たちは、大学で日本語の講義を聞くのを当たり前と思っている。人によっては、大学院でも日本語の講義を受けているから、どんなに高度な勉強でも日本語で授業を受けられるのが当然と私たちは思っている。だがこれは、世界的に見ればきわめてめずらしいことを皆さんは知っているだろうか。

　ほとんどの国が初等教育は自国語でしている。しかし世界に通用する学問を教える高等教育になるとそうはいかない。アジアやアフリカの国々では、大学や大学院のような高等教育になると英語やフランス語でおこなう場合がほとんどだ。その点、**大学院の教育まで自国語でできる日本は、世界でも注目されてよい国なのだ。**

　私たちが大学や大学院の講義を日本語で聞けるのは、明治・大正期の先人がおこなった翻訳作業のおかげだ。明治政府にとって、進んだ西欧の文化を取り入れることは急務だった。しかし**外国の文献を外国語のまま輸入するだけでは、西欧の文化を吸収したことにはならない。**なぜなら日本語環境で育った日本語人は、いくら外国語を自由に操れるようになっても外国語でものを考え、新しいものを生み出すことはむずかしいからだ。

自国語で考えるということ

　じっさい**日本語でものを考えるのは、乗りなれた車に乗るようなものだ。**

　運転しなれた車は、いわば私たちの「体の延長」だ。私たちは歩いているとき、自分が足を使って歩いているという意識はないだろう。むしろ、どんな方向に進むかだけを考えているはずだ。乗りなれた車もそれと同じだ。ことさら「車を運転している」意識はなく、いったん乗ったら行く方向を考えるだけでよい。つまり車という道具を意識せずに、「どっちに行くか」という目的だけを考えていればよいのだ。

　書きなれたボールペン、使いなれた包丁、野球選手がふだん使っているグラブなども同じだ。これらはみな、使う人にとって体の一部になっている。だから使いなれたボールペンを使うとき、私たちは「どんな文を書こうか」という目的を意識しても、道具を意識して「このボールペンをどう使おうか」と考えることはない。使いなれた包丁で調理するとき、「どのように切ろうか」という目的は考えても、「包丁をどう操作しようか」とは考えない。野球選手のグラブについては言うまでもないだろう。**体の一部となった道具は、道具そのものの存在を忘れさせ、私たちの目的に意識を集中させてくれる**のだ。

外国語で考えるということ

これと逆に、乗りなれないレンタカーに乗ったときを考えてほしい。「この車はブレーキが強めだから」「ハンドルの利きが甘いから」など、そのつど頭で考えて運転する要素が入るだろう。どう進んでゆくかという本来の目的とは別に、道具の使い方も考えなければいけない。

だからその分、本来の目的に集中する力がそがれてしまう。おろしたての万年筆や、新しく買った包丁も同じだ。**私たちは、道具を使って何をするかという本来の目的を忘れて、道具の使い方に意識をとられてしまうのだ。**

これと同じで、外国語でものを考えるときは、外国語という道具の具合がいちいち気になる。「自分の考えは、外国語ではこうなのだろうか」ということが心配になる。思考そのものに100パーセント集中できないうらみがあるのだ。

だから私は、自国語で高等教育ができることは、とても大切なことだと思う。高度な内容を、「言語という道具を気にせず」考える人を育てられるからだ。しかし世界的に仕事を認められるには、その仕事を国際語（現代なら英語だろう）で発信できないといけない。このため、世界に通用する人を育てようとすれば、**自国語でものを考え、国際語で発信できることを目標にすべきではないだろうか。**

日本が誇るべき翻訳文化

 そんな人びとの例として、ノーベル賞の受賞者を考えてみよう。文学賞や平和賞以外の数をくらべてみると、欧米人が圧倒的に多いことが分かる。世界の人口比率で考えてもこの数は突出しているから、それを「欧米人の身びいき」と言う人もいる。

 だが私はむしろ、「自国語＋国際語」で高等教育を受けられるかどうかに注目すべきだと思う。ヨーロッパの言語は親戚関係にあるものが多く、自国語で学術用語を作りやすいし、国際語の英語を学ぶにも日本人ほどの苦労はない。このような事情が欧米人に有利にはたらいているのではなかろうか。

 また、欧米人ならぬ日本人が受賞者数で 10 位以内に入っていることも、自国語で考えることの大切さを裏打ちしているように思う。明治・大正期におこなわれた翻訳作業のおかげで、日本は西欧文化という外来の「食物」を、日本文化の「体質」に合わせて吸収することができた。つまり**欧米の考えを受け入れる一方で、日本語でものを考える習慣も残すことができたのだ**。これは文句なく誇ってよいことだと思う。

しかし訳語がすべてではない

 自国語で高等教育ができるようになったのを光の部分

とすれば、私たちの翻訳文化にはかなり大きな影の部分もあった。外国語を理解するさい、訳語を全能の神のように祭り上げるクセがついてしまったのだ。言い換えると、**「外国語を定型的な日本語に置き換えれば、それで外国語を理解できた」**という錯覚がゆきわたってしまったのだ。

たとえば皆さんもよく知っている、英語の 'yes' と 'no' がそうだ。私たちは中学校から 'yes' は「はい」、'no' は「いいえ」と習う。だから私たちは、日本語で「はい」のときは 'yes' と言い、「いいえ」のときは 'no' と言えばよいと思っている。だがこれは、大間違いなのだ。じっさい、

> Aren't you Christians?
> 「あなたたちはキリスト教徒ではないのですか」
> No, we aren't.
> 「はい、キリスト教徒ではありません」

という会話文を見てほしい。'no' が「はい」になっている。

こんな例はたくさんある。「金をもってないのか？」と問われて「ああ、もってないんだ」と言うときは、

> No, I have no money.

になる。'no' はけっして「いいえ」ではないのだ。

序章 「訳語」から「発想」へ

それだけではない。'yes'を「いいえ」に使うときもたくさんある。

　Don't you like bananas?
　　「バナナを好きじゃないんですか」
　Yes, I do.
　　「いや、好きですよ」

　こんな場合は、'yes'は「はい」ではなく、むしろ「いいえ」になる。つまり学校で習った'yes' =「はい」、'no' =「いいえ」という訳語は誤っていると言える。

「はい」と「いいえ」の発想

　ここで訳語にこだわると、'yes'には「はい」と「いいえ」の意味があるのだから、「'yes'の意味は矛盾している」という疑問が生まれる。さらに悪いことには、'no'にも「いいえ」と「はい」が同居しているから、こちらも「どっちの意味が本当か分からない」と混乱が拡大する。そしてとどのつまり、「'yes'や'no'の意味はよく分からない」ということになってしまう。

　だがこのようなときこそ、「逆転」が必要なのだ。いま私たちが分からないと思っているのは、「'yes'と'no'は、『はい』と『いいえ』のどちらか」という問題だろう。だが、その問題の立て方がそもそも間違っていることに気

づかないといけない。

　では、その誤りに気づくにはどうしたらよいのか。処方箋は1つしかない。**日本語の「はい」や「いいえ」という訳語をいったん頭から追い出すことだ**。そして、ネイティブはどんなルールで 'yes' と 'no' を使っているか、つまり「ネイティブの発想」を知ることだ。それをじっさいにやってみよう。

　まず知っておかないといけないのは、私たち日本語人が「はい」と「いいえ」を使うときのルールだ。それは次のようにまとめられる。

・**問いの内容と答の内容が同じならば「はい」**
・**問いの内容と答の内容がちがったならば「いいえ」**

　だから、
　　<u>君は卒業式に出るの</u>。
という問い（下線部が問いの内容）に対して、答がその内容に合っている場合は、
　　はい、<u>私は卒業式に出ます</u>。
だが、問いの内容とちがう場合は、
　　いいえ、<u>私は卒業式に出ません</u>。
となる。

　しかし問いの文が、
　　<u>あいつ、クラス会に来ないのか</u>。

序章　「訳語」から「発想」へ

の場合は、問いの内容と合った答をするかどうかで、
　　うん（はい）、あいつは来ないよ。
となるし、逆の場合なら、
　　いや（いいえ）、あいつは来るよ。
となるわけだ。

'yes' と 'no' の発想

ところが英語の 'yes' や 'no' には、日本語とまったくちがった発想がある。しかもその発想はきわめて単純で、次の一言で言える。

- 相手の質問がどうでも、自分の答が肯定ならば 'yes'
- 相手の質問がどうでも、自分の答が否定ならば 'no'

これが 'yes' と 'no' のすべてなのだ。

だから、
　Do you have children?
　　「お子さんがいますか」
に対して肯定の答なら、
　Yes, we do.
　　「ええ、いますよ」
になるし、否定的な答なら、
　No, we have no children.

「いえ、いません」
となる。

　これは問いが否定文になっても同じで、
　　Can't he read the book?
　　　「彼はあの本が読めないのか」
に対して肯定の答なら、
　　Yes, he can.
　　　「読めますよ」
となるし、否定の答なら、
　　No, he can't.
　　　「読めませんね」
となるわけだ。

　つまり英語のネイティブは、**問いの内容に関係なく、自分の答が肯定的か否定的かを述べるために、まず 'yes' か 'no' を答の前につける**と考えたらよいだろう。
　そしていちどこの発想を知ってしまえば、皆さんは「はい」「いいえ」という訳語に頼らず 'yes', 'no' の意味を正確に理解できるし、会話で使い分けることもできる。これが英語そのものの発想を知ることの大切さ、つまり「訳語から発想へ」という逆転が必要な理由なのだ。
　この方法には、もう１つ大きなご利益がある。それは、「'yes' と 'no' はどっちが『はい』でどっちが『いいえ』なんだ」という、問題の立て方が間違っていること

序章　「訳語」から「発想」へ　　17

を教えてくれることだ。答の出ない問題を作り出して悩んではいけない。ちゃんと問題を立てれば、ちゃんとした答が得られるのだ。

そこで冒頭に述べた、もう1つの意味での「逆転」が可能になる。日本語人が「英文法は分からない」と言う場合、このように「見当はずれの問題」で悩んでいることがほとんどだ。そしてそのような**「見当はずれの問題」を生み出す元凶が、イッパツで決まる訳語を求めようとする姿勢**なのだ。

だから皆さんにもこのさい、ネイティブ自身が従っている英文法のルールを知り、悩まなくてよい英文法の問題から足を洗っていただきたい。

なぜ「発想」が大事なのか

いままで述べてきたことから、'yes' に「はい」、'no' に「いいえ」という定型訳語を割り当てるのが危険なことも分かっていただけたと思う。**背後にある考え方、発想がちがう外国語を訳そうとするとき、「訳」はそもそも存在しない**。だからもちろん、定型の訳語を割り当てることもできないのだ。

にもかかわらず、日本の英語教育では英語に定型の訳語を割り当て、それをひたすら覚えさせる「訳語主義」がいまだに幅を利かせている。不定冠詞の 'a' は「1つの」、定冠詞の 'the' は「その」、人称代名詞の 'he' は「彼」

といった調子だ。

　それだけではない。動詞の現在形は「～する」、進行形は「～している」、完了形は「～してしまった」、未来形は「～するだろう」と皆さんも教えられただろう。**だが残念なことに、これらはすべて間違いだ**。「間違い」という言葉が強すぎるなら、先ほど挙げた'yes', 'no'と同様、英語の発想はそのような定型訳語ですくい取れるものではないのだ。

　ある意味で、訳語主義は明治・大正の先人の努力の賜物とも言えるし、その光の部分は冒頭に述べた。しかし**この勉強法の問題は、日本語の考え方（発想）を当然のものとして、それをもとに英語を分かろうとするところにある**。

　だから学校でこのような定型訳語を教えられても、皆さんは英文の意味を「ピントぴったり」に分かった経験は少ないだろう。うすもやにつつまれた景色を見るような、あるいはピントの甘い写真を見るような、そんなもどかしさを感じたことはないだろうか。「**だいたいのところは分かっても、すみずみまできれいには見渡せない**」。これが英語のイメージではないだろうか。しかしこれがまさに、訳語主義の生み出しているものなのだ。

この本のねらい

　定型訳語とは別に、英語には英語独自の発想がある。そしてそれを分からなければ、いくら訳語をあてがって

も英語の意味は分からない。にもかかわらず日本では、訳語主義があまりに強すぎ、英語の背後にある発想そのものを教える機会がほとんどなかった。

　私の目標は、そのような「うすもや」を少しでも皆さんから取り除くことだ。定型訳語で押さえられない英語独特の発想を皆さんに日本語で分かりやすく説明し、**定型訳語を離れても、皆さんが英語の意味をクリヤーに理解できる基礎を作りたい**。これが本書の目標であり、『逆転の英文法』という書名に託した思いだ。

　本書であつかうのは、名詞と動詞だけだ。これに不足な方たちもいらっしゃると思う。だがどんな言語でも、名詞と動詞がきちんとしていれば一定のコミュニケーションはとれる。**世界中のあらゆる言語を見ても、その骨格を作っているのは名詞と動詞なのだ**。その発想を理解することが、その言語を理解する出発点になる。

　その点は英語も同じだ。英語の最底辺にひそむ「発想」といえば、まず考えないといけないのが動詞と名詞なのだ。だから本書では、名詞と動詞に焦点を絞ってお話をすることにした。

　はたして「逆転」がうまくいったかどうか、それは本書を読まれた皆さんの裁定にお任せしようと思う。

第 1 章
イヌとdogは
何がちがうのか?
——代名詞・普通名詞の発想——

自分の父親を 'he' と呼ぶ感覚はどこから来るのだろうか? 英語で交わされる日常会話では、普通名詞がそのままの形で現れず、必ず限定詞をともなうのはなぜ? 本章では、代名詞・普通名詞にまつわる数々の謎を解きあかし、背後に潜むネイティブの発想を紹介していきます。

授業で出会うヘンな日本語

　中学校で英語に出会ったとき、耳なれない日本語に触れた人は多いだろう。「彼女は速く走ります」とか「これは１冊の本です」など、日常生活に現れない日本語を当然のように教えられるからだ。英語の授業でなかったら、「そんな日本語はまちがっています」と抗議したいところだ。

　だが初めて英語を習う立場の弱さで、私たちはいつか「英語とはそんなものだ」とあきらめ、中学校からずっと英語の時間には、おかしな日本語に付き合ってきたのではないだろうか。

　しかしこのような「**不自然な日本語」で英語を分かろうとする姿勢**は、もうやめたほうがよいと思う。だいいち、不自然な日本語は私たちにも意味がよく分からない。だからそんな日本語で英語を理解しているかぎり、私たちは英語を正確に分かることはできない。私たちに必要なのは、英語の学び方を逆転させることだ。

　この本では、英語の時間に登場する「ヘンな日本語」を手がかりにして、私たちの英語の勉強法がある重要な部分で根本的に誤っていることをお話しようと思う。その中でも**第１章では、英語の名詞を理解する方法が致命的に誤っていることを**述べてみたい。

　そしてこの誤解から解放されると（それはけっしてむずかしくない）、'a' や 'the' といった基本語の意味が生き

生きと分かるようになる。それを次の第2章で述べてみたいと思う。

> **教科書のありえない会話**

　私の中学校の教科書は古典的な 'Jack and Betty' だったが、そこには**日常まず使わない会話が数えきれないほどあった**。

　たとえばジャック（おそらく中学生だ）が同年代のベティを前にして、「私は少年です」「君は少女です」などと言うのだ。だいたい中学生くらいの男の子が、同年の女の子に対して「私は少年です」なんて言うわけがない。そんなことを言ったら、「あんた馬鹿なの」と言われるに決まっている。まして「君は少女です」なんて言ったら、長いこと口もきいてもらえないだろう。

　有名な 'This is a pen.' もまず使うことのない例文だ。じっさい、授業のときに先生がペンを取り出して、「これはペンです」と言ったらどうだろう。あるいは椅子を指して「これは椅子です」、窓を指して「これは窓です」と始めたら、みなあっけにとられるにちがいない。「先生、忙しすぎておかしくなったんじゃないか」と生徒に言われるのがオチだろう。

　また 'What is this?' 'It is a book.' もそうだ。「これは何ですか」「本です」などという会話をまじめにする人はいない。なぜなら、目の前にあるものが本かどうか分か

らないことなどまずないからだ。

> **'I am a boy.' から何が学べるか**

こうして思い返すと、英語の教科書にはありえない会話がたくさん載っていた。しかし、これらをあまり悪く言うのはよくない。たとえば「私は少年です」「君は少女です」という会話は、日本語にするとばかばかしいが、この文のねらいは、

　「私は○○だ。」という日本語は、
　　'I am a ○○.' という形の英語で表現する
　「君は××だ。」という日本語は、
　　'You are a ××.' という形の英語で表現する

というふうに、日本語ではなく英語の表現を教えるためのものだからだ。

これと同じで 'What is this?' も、目の前にあるものを英語で何と言うか分からないときはこのような形の英語で尋ねなさい、ということを教えているのだ。そして 'It is a ○○.' は、英語でものの名前を訊かれたときには、このような形で答えなさいと言っているわけだ。

だからこのような、日常ありえないわざとらしい会話が出てきても、「英語の教科書はダメだ」と決めつけてはいけない。なぜならそれらの文は、内容をすべて日本

語で理解してはいけないからだ。**英語半分・日本語半分の気持ちで理解して、これらの文が日本語から英語への橋渡しを目的としていることを読み取らないといけないのだ。**

> ### 父を「彼」と呼ぶ不思議

しかし英語の教科書には、先の例とよく似ているがけっして無害とは言えない会話も出てくることがある。私が中学1年のときに見ていちばんびっくりしたのは、

What is your father?
「あなたのお父さんは**何**ですか」
He is an engineer.
「**彼**は技術者です」

という会話文だった。

どこが驚いたかというと、まず「何」という言葉だ。文字通りの日本語で考えると、「あんたのお父さんは何という人だ!」とまるで自分の父親を非難されているようだ。そこまで悪くとらなくても、「あなたのお父さんは何ですか」と言われたら、「父は父ですが」くらいの答しか思い浮かばないのではないか。つまり私の父ということを知っていて、なぜあらためて「何ですか」と尋ねるのかが不思議だったのだ。

第1章　イヌとdogは何がちがうのか？

しかしそれ以上に驚いたのは答の文だ。自分の父親を「彼」と訳しているからだ。「お父さん」でも「父」でもなく、英語では自分の父親を「彼」と言うのだ。

　それに教科書を読み進むと、自分の母親を「彼女」と言っていることも分かった。日本語で「カレ」や「カノジョ」と言ったらある特別な意味になる。**そんな特殊な言葉が、英語の教科書を読むと洪水のように使われている。**この理由はまったく分からず、中学生だった私は、英語ってヘンな言葉だなぁと本気で思った。

'what' は「何」と訳せるか？

　この会話は、日本語と英語の橋渡しという事情を割り引いても、おかしい点が残る。英語を訳したはずの日本語それ自体が、ただ「わざとらしい」だけでなく、意味がよく分からないからだ。

　皆さんは、その原因が、英語の 'what' ＝日本語の「何」、英語の 'he' ＝ 日本語の「彼」という訳語にあることに気づかれたことと思う。つまり、**「何」や「彼」は 'what' や 'he' の訳語として適当なのかという疑問が残るのだ。**

　もっとも 'what' のほうは、そんなに目くじらを立てるほどのことはない。英語の 'what' も日本語の「何」も、「どんな種類に属するものか」を尋ねる点で同じだからだ。ただ**英語では、人を種類分けする場合に「職業」をきわめて重視する。**だから、

What are you?

と言えば、ふつうは職業や身分を尋ねる表現になる。したがってこの種の問いには、

I am an engineer.
　「技術屋です」
I import wine from France.
　「フランスワインの輸入をしています」

などと答えることになる。英語の 'what' は、人間の種類を尋ねるにしても、その範囲が「職種」という領域に限られている場合が多いのだ。

　しかし**日本語の「何」は、人間の種類がもっと漠然としか分からないときに使われる**ことが多い。「あなたは何ですか」という日本語が使われるのは、教室にどう見ても学生でなさそうな人がいるとか、結婚の披露宴にステテコ姿の人が入ってきたとか、いかにも場違いな人に「あなたはどんな資格でここにいるのですか」「あなたは何をしにここに来たのですか」と尋ねる場合だろう。

　これは「あなたはどんな種類の人か」と尋ねていることに変わりはないが、質問のポイントは職業を答えることではない。むしろ**「あなたがここにいる理由を言いなさい」という質問**なのだ。だからこの点で、日本語の「何」

と英語の 'what' は意味が大きくちがっている。

とはいえ、この点に気づいてしまえば 'what' を無条件に「何」と訳す弊害は避けることができる。**英語の 'what' が人に使われた場合、いったん「どの種類の職業」と訳す習慣をつけることができるからだ。**

'he' って誰のこと？

では、学校で「彼」と習う 'he' は、いったい何を表す言葉なのだろう。'he' は「3人称の人称代名詞」と呼ばれていて、この名前自体はほとんどの方が聞いたことがあるだろう。しかし「3人称」の「人称代名詞」と言うとき、「3人称」とは何で、「人称代名詞」とは何かをはっきり習った方はいるだろうか。だから念のため、人称という考え方から確認しておこう。

会話を考えれば分かるように、言葉は話し手と聞き手のあいだで交わされるものだ。

まず、**話し手が自分を指す言葉を第1人称**（略して1人称）**の表現**と言う。だから「私は帰ります」の「私」も、「自分にはできません」の「自分」も1人称表現ということになる。

これに対して、言葉の中で**聞き手を指す語句が第2人称**（略して2人称）**の表現**だ。だから「山田君、ちょっと来てくれ」の「山田君」も、「君もう昼飯食べた？」の「君」も、「お前はもうおしまいだ」の「お前」も2

人称の表現ということになる。

　そして、話し手と聞き手のあいだで交わされる言葉の中で、**話し手も聞き手も指さない表現を第3人称（略して3人称）の表現と言う**。たとえばJackとBettyが会話をしているとき、彼らの「父」も「母」も「太陽」も「月」も、近所にある「公園」もそこにある「噴水」も、その辺で遊んでいる「イヌ」も「ネコ」も「鳥」も、会話をしている当人たちを指す表現でないから、みな3人称の表現だ。

「人称代名詞」とは？

　皆さんは中学校の最初に、be動詞の活用を習っただろう。そのときはbe動詞に主語をつけて、I am, You are, He is, She is, It is, We are, You are, They areと暗記させられたと思う。この太字で書いた言葉が「人称代名詞」と呼ばれるものだ。

　代名詞とは、文字通り名詞の代わりに使われる言葉だが、その中でも**人称代名詞には、たとえ同じ名詞でも、人称がちがえばちがった形で受けるという約束ごとがある**。たとえば、

John Smith likes dogs.
「ジョン・スミスはイヌが好きです」

という文を考えてほしい。この文はいろいろな状況で使われることだろう。

　そんな中で、**ジョン・スミスが会話の話し手の場合**を想定してみよう。この場合は 'John Smith' は話し手を指す 1 人称の名詞になるから、'John Smith' という名詞は 1 人称の人称代名詞（= 'I'）で置き換えられて、

　　I like dogs.
　　　「私はイヌが好きです」

になるわけだ。

　しかし、**ジョン・スミスが会話の聞き手のとき**もありうる。そんな場合、'John Smith' は 2 人称になるから、2 人称の人称代名詞（= 'you'）で置き換えられて、

　　You like dogs.
　　　「あなたはイヌが好きです」

という文になる。

　さらに**ジョンが話し手でも聞き手でもないこと**もある。こんなときの 'John Smith' は 3 人称だから 'he' で書き換えられて、

　　He likes dogs.
　　　「彼はイヌが好きです」

という文ができるわけだ。

皆さんもご存じのように、3人称の人称代名詞（単数）には 'he', 'she', 'it' の3つがある。そしてこの役割分担は、

- 'he' は、3人称の**人間男性**（ただし**単数**）に使う
- 'she' は、3人称の**人間女性**（ただし**単数**）に使う
- 'it' は、3人称の**人間以外のもの**（ただし**単数**）に使う

となっている。今回の例ではジョンが人間男性なので 'he' となるわけだ。

3人称は特別だ

さていよいよ、'he' の正体に近づいてきた。じつは、3人称の人称代名詞には特別な性質がある。つまり、**これまでの話に出てきた名詞を受けることしかできないのだ**。言い換えると、受ける名詞が提示されていない場合にいきなり 'he' とか 'she' とか 'it' は使えないのだ*1。

この点、'I' や 'you' はちがう。'I' や 'you' は会話の冒頭で（つまりどんな名詞も出てきていない段階で）使うことができる。たとえば友人に会って、

I will go to the hospital tomorrow.
「オレ明日病院に行くよ」

第1章　イヌとdogは何がちがうのか？

と言われたとしよう。このとき 'I' が誰を指しているかはすぐ分かる。1人称の代名詞が指すのは話し手だから、明日病院に行くのはその友人なのだ。また友人が私に、

　　You look tired.
　　「お前、疲れてるみたいだな」

と言ったときも同じだ。この会話では私が聞き手なのだから、この 'you' は私を指していることは分かる。

　これは日本語も同じで、1人称の代名詞「私」「僕」「オレ」や2人称の代名詞「あなた」「君」「お前」は、会話の冒頭でいきなり使っても誰を指すかが明らかなので、どんな名詞を受けるかが分からなくても使うことができるのだ。

　しかし 'he' や 'she' や 'it' はそうはいかない。これらの語は話し手でも聞き手でもない何かを指しているのだから、それを会話の冒頭に使うと「何を指しているか」という情報はゼロで、会話が成立しなくなる。このため3人称の 'he', 'she', 'it' は、**これまでの文に出てきた名詞の代わりに使う用法しかない**のだ。

'he' が使える3つの条件

　ここまでの話をまとめてみよう。'he' とは要するに、

① これまでの話に登場した
② 話し手でも聞き手でもない
③ 人間の男性（ただし単数）

を指すという、それだけの言葉なのだ。

　しかし逆に言えば、これだけの条件さえ満たせば使えるわけだから、使用範囲はとてつもなく広い。これまでの話に出てきた男であれば、「皇帝」でも「大工」でも、「クラス担任」でも「飲み屋のオヤジさん」でも、「親友」でも「ライバル」でも、「トム」でも「ハンス」でも「太郎」でも、みな 'he' と言えるのだ。だからその意味で、**特殊な男を指しがちな日本語の「彼」とはまったくちがった発想の言葉なのだ。**

　しかも英語では、いったん登場した名詞をそのままの形でくり返して使うことはまずない。たとえば、

　Where is Dad?
　　「お父さん、どこ？」
　He was in the living room.
　　「（お父さん、）居間にいたよ」

という会話のように、最初の文に出てきた名詞の 'Dad' は、次の文では 'he' に置き換えられてしまう。

　私たち日本語人は「なぜそんな面倒なことをするの

だ」と不思議に思ってしまうが、ネイティブの発想はまったく逆だ。いったん 'Dad' という名詞が使われたら、**それと同じ人を指すには、次回から人称代名詞 'he' を使うのがもっとも自然なのだ**。その意味で 'he' は、「前の文に出てきたのと同じ人を指しています」という目印にもなっている。

> ### 'he' を正しく訳すには？

　いままで、ネイティブはどんな発想で 'he' という言葉を使っているかを述べてきた。この段階まで来れば、皆さんには 'he' をピッタリに訳す日本語がないことが予測できるだろう。なぜならば、**ネイティブが 'he' を使うのと同じ発想で、私たち日本語人が使っている言葉はないか**らだ。

　第1に、これまでの話に出てきた（話し手でも聞き手でもない）あらゆる男を一律に指す言葉は日本語にはない。「あの方」「あいつ」「彼」など 'he' に似た言葉はあっても、それほど守備範囲の広い言葉は日本語には見当たらないのだ。

　それに、いままでに出てきた（3人称の）名詞をちがった形の言葉で言いなおす習慣は日本語にはない。先ほど挙げた会話を見ても分かるだろう。

　　お父さん、どこ？

と訊かれたら、私たち日本語人は、

　　お父さん、居間にいたよ。

と同じ名詞をくり返して使うか、あるいは「お父さん」そのものを消してしまって、

　　居間にいたよ。

と答えるかだ。つまり日本語では、

　① 同じ名詞をくり返す
　② 名詞を省略する

ことで、これまでの話に登場した人を指すという発想がある。だから私たちの日本語には、英語の 'he' のような言葉の出番はもともとないのだ。
　では私たちは、英文の中にどっさり出てくる 'he' をどうあつかえばよいのだろう。じつは「彼」という訳語を捨てても、処方箋はすでにある。つい先ほど掲げた会話を参考にすればよいのだ（じっさいプロの翻訳家たちも、それを実践している）。
　具体的に言うと、

① それが指している前出の名詞をくり返す
② 訳さずに、それ以外の部分を訳す
③ それでもダメなら、「あの人」とか「あれ」など、前に出てきた人や物を指す表現を工夫する

そうすれば、英語の 'he', 'she', 'it' と同じ効果が得られるのだ。

'it' も要注意

'she' は人間女性を指すので、訳し方は 'he' から推し量れるだろう。だが人間以外のものを指す 'it' には注意が必要だ。というのは、たいていの辞書には「それ」という訳語が載っているからだ。

しかし**日本語の「それ」は、英語ではむしろ 'that' に近い性格をもっている**。そしていままで述べてきたことから予測できるように、**英語の 'it' にあたる日本語はない**。ただ問題はその訳し方だ。たとえば、

Show me your gold watch.
「君の金時計見せてよ」
I have lost it.

のような 'it' はどう訳せばよいだろう。

①「なくしちゃったよ」と名詞を省略してしまう
②「あの金時計」と名詞をくり返す
③「あれ、なくしちゃったよ」と「あれ」で受ける

おそらくこのようなところだろうが、「それ」という訳語が必ずしもふさわしくないことは分かるだろう。

大切なのは「それ」という訳語にとらわれないことだ。むしろ 'it' はすでに出た名詞と同じもの（ここでは自分の金時計）を指すのが仕事だから、それにもっともふさわしい日本語の表現をそのつど考えればよい。

発想のちがう言葉は翻訳できない

「自分の親父を『彼』と言うのか？」という疑問は、思ったより根の深いものだった。最初この問題は、訳語の問題のように見えた。「彼」というまずい訳語をもっとまともな別の訳語に変えれば、それだけで解決するように思えた。だがこの問題を調べてゆくうちに分かったのは、

> **point**
> ネイティブの 'he' の使い方は、
> 私たち日本語人とはまったくちがう
> 発想にもとづいていた

ということだったのだ。

このように、**英語を日本語の「定訳」ですまそうという訳語主義には、明らかに限界がある**。だがまったく初めて英語に触れる人には、訳語主義も仕方のないところがある。その点で私は、中学校などでの訳語主義を頭から否定しようとは思わない。

　しかし、いちどまじめに英語を学んで、それでも「英語がよく分からない」という人はこの限りではない。そのような人たち（皆さんもそうではありませんか？）が英語を分からない原因の９割は、学校で習ったおかしな「定訳」を信じ込み、その訳語で英語を理解しようとする点にある。

　そのような人たちは、訳語主義からの脱皮がぜったい必要だ。**おかしな定訳を捨て、ネイティブの発想そのものを知らなければ、英語がクリヤーに分かる望みはない**からだ。

　「訳語から発想への逆転」という本書のねらいは、まさにそのような方たちのためにある。

学校英語、最大の誤り

　いままで代名詞の定訳の間違いを話題にしてきた。だが学校英語には、これとくらべものにならない巨大な誤りがある。それは**英語の普通名詞を、そのまま日本語の普通名詞に訳している**ことだ。

　英語を習い始めたとき、どんな人でもまず名詞の意味

を覚えたのではないだろうか。日本語の「本」は英語では 'book'、「机」は 'desk'、「ネコ」は 'cat'、「イヌ」は 'dog'、「家」は 'house'、「道」は 'road' など、熱心な人は単語カードを作って、表側に英語の名詞を書き、裏側に日本語の訳語を書き入れて覚えたのではないだろうか。しかし私が言いたいのは、**その仕方では英語の名詞の意味は分からない**ということだ。

　もっと具体的に言うと、英語の 'dog' は日本語の「イヌ」と同じではないし、'computer' は「コンピュータ」と同じではなく、'friend' は「友達」ではない。そしてこのことは、英語のあらゆる普通名詞について言えるのだ[*2]。

　だからこれは、先に述べた 'he' の誤訳とはケタがちがう。'he' の誤訳をいわば「その気になれば直せる」間違いとすれば、こちらは自分の誤りに気づかないまま死ぬまで間違いを通してしまう、もっと罪深い誤りだ。

じっさいの例文を見よう

　なぜそんな大それたことが言えるのか、'dog' が「イヌ」でどうしてダメなのだ、と皆さんは不思議に思われるだろう。

　もし英語の 'dog' と日本語の「イヌ」がまったく同じものなら、日本文で「イヌ」という名詞が出てくるところには、英文では 'dog' という名詞が出てきているはずだ。本当にそうなっているかを確かめてみよう。

そんな作業をするのに、最適の本がある。『英和活用大辞典』という辞書だ[*3]。この辞書は、単語どうしを組み合わせるとどんな意味になるかを例文で示したものだ。だからこの辞書で、日本語の「イヌ」を含む言い回しが英語ではどうなるかを調べてみよう。

　すると「**イヌ**を殴る」は 'beat [hit] a **dog**'、「**イヌ**を飼育する」は 'breed **dogs**'、「**イヌ**に食べ物を与える」は 'feed a **dog**'、「**イヌ**が見慣れない人にほえた」は 'The **dog** barked at the stranger.'、「私の**イヌ**は脚で体をかいた」は 'My **dog** scratched itself.' など、「**イヌ**」にまつわる100以上の例文が載っている（原文では「犬」）。

　だが、いま引用した例文をよく見てほしい。これらの例文に出ている 'dog' は頭に 'a' や 'the' や 'my' などの語がついているか、あるいはお尻に複数形であることを示す 's' がついている。頭にもお尻にも何もついていない 'dog' という形はいちども登場しないのだ。

　それどころか、ここに引用しなかった他のどの例文を見ても、ただの 'dog' という形は出てこない。言い換えると、日本語の「イヌ」に相当する英語は 'a dog', 'the dog', 'my dog', 'dogs' などであって、'dog' ではないのだ。

> 「裸の単数形」とは？

　「イヌ」と 'dog' が同じでないことを分かっていただけただろうか。頭にもお尻にも何もついていない 'dog' の

形を「**裸の単数形**」と呼ぶことにしよう。するとここまでの結論は、**日本語の名詞「イヌ」は裸の単数形 'dog' と同じではない**、ということだ。しかしそうなると、あらためて大きな謎が浮かび上がってくる。

[謎の1]
　私たちは中学の授業で、「英語の名詞には単数と複数があります。1匹のイヌは 'a dog' と頭に『1つの』を表す 'a' をつけます。でも2匹以上になると 'two dogs', 'three dogs' というふうに、'dog' のお尻に 's' をつけて、複数であることを表します」と習ったのではないだろうか。

　しかしこの説明には、1つ抜けていることがある。それは裸の単数形 'dog' が何を意味するかの説明がないことだ。だから私たちは裸の単数形の正体を教えられずに、**英語の名詞を理解した気になっていたのだ**。

[謎の2]
　その一方、'a dog' にしても 'the dog' にしても、あるいは 'dogs' という複数形にしても、すべて 'dog' をもとにして作られている。だから裸の単数形 'dog' は、**それらさまざまな表現の中心にある何か大切なものを言い表しているはずだ**。だが例文を見るかぎり、それは日本語の「イヌ」とはちがう。その中心的なものとは何だろう。

[謎の3]

　しかも裸の単数形は、『英和活用大辞典』の例文を見て分かるように、日常的な文に姿を現すことはほとんどない。つまり、**日常的な出来事を指すたぐいの言葉ではない**ようだ。とすると、何を指しているのだろう。

　このように考えてみると、英語の名詞（裸の単数形）は謎だらけなのだ。

ネイティブも答えられない疑問

　裸の単数形について何も知らなかったというのは、自分の戸籍を否定されるようなものだ。戸籍は自分の生活の基本だから、それが誤りとなると生活を根本から変えないといけない。それと同じで、裸の単数形が私たちの考えていたものとちがう以上、私たちは英語の名詞に対する考え方を根本から変えないといけないのだ。

　では、**裸の単数形は何を指しているのだろう。残念なことに、ネイティブに訊いてもまず答は得られない**。

　なぜなら彼ら自身、日常その形を使うことはまずないからだ。だから私たち日本語人が裸の単数形を使ったときには、その形がおかしいことはすぐ分かる。そこで「この場合は 'a dog' と言いなさい」とか、「そこは 'the dog' が正しい」とかアドバイスしてくれるだろう。しかし「裸の単数形の 'dog' って何ですか」と尋ねたら、彼ら自

身が困ってしまうのがふつうだ。だから裸の単数形の意味は、私たち日本語人が探らないといけない。

ではどんな手立てで探ったらよいのだろう。おそらくその手立ては1つしかない。じっさいに裸の単数形が使われている場面を探し出し、そこで裸の単数形がどんな意味で使われているかを調べればよいのだ。

そして、裸の単数形が使われている場面はたしかにある。それは図鑑と辞書の見出しなのだ。

図鑑が教えてくれること

次に挙げるのは、『オックスフォード絵辞書』だ[*4]。家庭の周りにいる動物たちの絵が描かれていて、その名が挙げてある（図1-1）。そしてその中に'dog'も載っている。

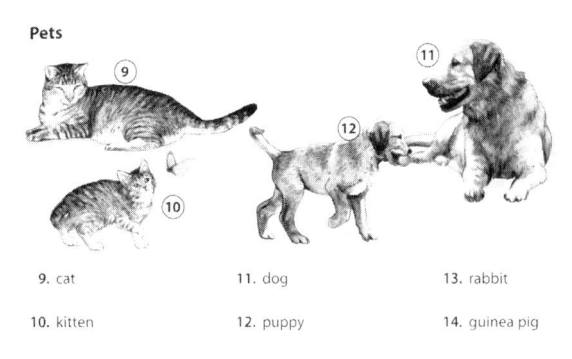

Pets

9. cat
10. kitten
11. dog
12. puppy
13. rabbit
14. guinea pig

図1-1　図鑑に見る「裸の単数形」の用例（部分）

この図鑑でいちばん意外なのは、日常的な文にはまず現れない裸の単数形がやたらと出てきていることだ。というより、**図鑑の絵の見出しは、裸の単数形でないといけない**のだ。

　それでは、図鑑の見出しは何を指しているのだろう。教室や会議で人が名札を下げて出てきたら、名札はその人の名前を教えてくれる。つまり「この人はこう呼べばよいのですよ」ということを教えてくれるわけだ。それと同じで図鑑では、イヌの絵が 'dog' という名札を下げて出てきたのだから、裸の単数形 'dog' は図鑑のイヌの絵の名前を指しているのだ。

　では、図鑑のイヌの絵は何を意味しているのか。1つ確かなのは、**この絵がこの世のどこかにいる1匹のイヌを指してはいない**ことだ。愛犬クラブの会員が愛犬の写真を本に載せたりすることはあるが、図鑑の絵がそんな目的で描かれていないことは明らかだ。

　だいたい図鑑というものは、親が子どもに買ってやるものだ。図鑑を買い与える親は、**図鑑のイヌの絵を見たわが子が、あらゆるイヌをそれと見分けられることを期待している**のだ。

　そしてそう考えると、図鑑のイヌの絵の意味は明らかだ。その絵は「イヌとはこのようなものだ」ということを教える**イヌの「概念図」**なのだ。

辞書が教えてくれること

　図鑑は「イヌというもの」を絵で示すものだが、それを文で説明してあるのが（英語の）辞書だ。だから今度は、英英辞書の記述を調べてみよう。するとまず、辞書の見出し語も 'dog' という裸の単数形で、'a dog' や 'the dog' のような形は使われていないことが分かる。

　これを「当たり前じゃないか」と馬鹿にしてはいけない。前にも言ったように、裸の単数形はめったに使われない形だ。その形が辞書の見出しに登場しているのだから、これは十分注目してよいことなのだ。

　辞書では 'dog' という裸の単数形をどのように説明しているだろうか。手近な *Oxford Dictionary of English* にはこうある[*5]。

> 'a domesticated carnivorous mammal that typically has a long snout, an acute sense of smell, non-retractile claws, and a barking, howling, or whining voice.'
> （家畜化された肉食性の哺乳類で、概して鼻先は長く、するどい嗅覚をもち、爪は引っ込まず、「ワンワン」「ワウー」「クンクン」などと鳴く）

　ここから分かるように、やはり 'dog' の説明文は個々のイヌを説明しているわけでなく、図鑑の図と同じく、

イヌ全般に通用する一般的な知識を説明している。だから英英辞書の見出しの 'dog' も「イヌとはこういうものだ」という知識、つまり**イヌの概念**を指しているのだ。

「裸の単数形」は概念だ

すると、裸の単数形の謎の１つは解けたことになる。「'dog' という裸の単数形の正体は何か」の答はこうだ。**'dog' という裸の単数形は、日本語の「イヌ」とはちがい、「イヌ概念」を指す語なのだ。**

しかしここで注意しないといけないことがある。概念はあくまで私たちの頭の中にある知識だ。だから**イヌの概念と言っても、それは路上をうろつきまわっている個々のイヌ、つまりイヌ個体とは異質のものだ。**

イヌの概念は私たちの頭の中に作られる情報であり知識だが、イヌ個体は私たちが言葉を知ろうと知るまいと、勝手に地上に生まれてくる。イヌ個体は吼えたり嚙みついたり「お手」をしたりするが、イヌ概念は吼えないし、嚙みつかないし、「お手」もしない。一言で言えば、イヌ概念は情報だが、イヌ個体は動物だ。この差をきっちりと押さえておく必要がある。

もう１つ大切なことがある。**英語の 'dog' はイヌ概念を指してもイヌ個体を指さない、というより「指せない」**のだ。

図鑑の絵のところで説明したように、図鑑の絵は読者

に一般的な知識を与えるためのものだから、特定の個体を指してはいけない。図鑑の絵が何か1つの個体を指してしまうと、それはもう一般的な知識ではなくなり、特定のイヌ個体についての情報になってしまうからだ。

つまり裸の単数形'dog'は、個々のイヌを指してはいけない、言い換えるといっさいの**イヌ個体を指せない**定めにあるのだ。

「裸の単数形」がめったに使われない理由

裸の単数形は個体を指せない。このことが分かると、裸の単数形にまつわるもう1つの謎が解けてくる。日常的な文の中に、裸の単数形がほとんど出てこないのはなぜだろう。その理由は、**私たちが日常イヌについて話をするときは、99パーセント、イヌ個体について話をする**からだ。

活用辞典からひろった例文を思い出してほしい。「**イヌを殴る**」「**イヌに食べ物を与える**」「**イヌを飼育する**」などの例文に登場する「イヌ」はすべて**イヌ個体**であってイヌ概念ではない。

イヌの概念を殴ることはできないし、殴れるとしたらイヌ個体に決まっている。概念に食べ物を与えることも、概念を飼育することもできない。私たちが食べ物をやり飼育するのは、個体としてのイヌなのだ。

その他の例文も同じだ。あつかっているのはイヌ個体

であってイヌ概念ではない。だから活用辞典の中に、裸の単数形が登場する機会はほとんどなかったのだ。

イヌと 'dog' の根本的なちがい

さてここまで来ると、英語の 'dog' が日本語の「イヌ」とちがうことを皆さんにも納得してもらえるだろう。ひるがえって日本語の名詞の「イヌ」は、**そのままの形でイヌ個体を指すことができるのだ。**

「叔父は**イヌ**を飼っている」「**イヌ**がおぼれる子を助けた」「あいつは**イヌ**に噛まれた」、こういった表現は日本語では当たり前だ。しかしこれらの文の中の「イヌ」はすべてイヌ個体を指している。英語の 'dog' のようにイヌ概念を指してはいない。

それどころか、日本語の「イヌ」は9割9分までイヌ個体を指すのに使われると言ってよい。なぜなら先にも述べたように、私たちが日常イヌの話をするときには、何か特定のイヌ個体の話をするのがふつうだからだ。

だが**日本語の「イヌ」は、英語の 'dog' と同じはたらきもあわせもっている。**つまりイヌ概念を指すのにも使えるのだ。じっさい、日本語の動物図鑑を見てごらんなさい。すでに挙げた英語の図鑑と同様にイヌの絵や写真が載っていて、そこに「イヌ」という見出しがついている。この場合の「イヌ」はもちろん、「イヌというもの」つ

まりイヌ概念の意味で使われているのだ。

　ここで、英語の'dog'と日本語の「イヌ」の差をしっかり確認するために表を作っておこう。

	英語の'dog'	日本語の「イヌ」
イヌ概念を指せる	○	○
イヌ個体を指せる	×	○

　この表を見ると分かるように、**私たち日本語人は、「イヌ」という名詞でイヌ概念もイヌ個体も同時に理解している**。だから日本語の「イヌ」を理解することは、その名詞でイヌ個体も指せるし、イヌ概念も指せるようになることだと考えてよいだろう。

　ではネイティブが'dog'という名詞を習得したときは、どんなことが起こっているのだろう。いままで考えてきたことからすると、彼らはイヌ概念だけしか理解していないことになる。「概念だけを理解する」というのは、どんなことなのだろう。これは私たち日本語人にとって体験できないことがらなので、あらためてそれを考えてみよう。

「内包」と普通名詞

　'dog'という名詞を分かることは「'dog'とはどんなものか」を分かることだ。つまり'dog'という名詞で呼ば

れるものがどんなものか、その全般的な知識を身につけたかどうかで、英語のネイティブが 'dog' という名詞をちゃんと理解したかどうかが決まる。

では、人が 'dog' について全般的な知識をもてたかどうかはどのようにしたら分かるか。そのようなテストには、少なくとも 2 種類のものが考えられる。

その 1 つは「記述式テスト」だ。一言で言うと「'dog' とはどんなものか言ってください」という問題を出すのだ。その問いに、きちんとイヌに共通する性質を挙げられれば合格。だが、「イヌそのもののイメージが分かっていないようだ」「イヌを無生物と考えているようだ」と思われる答をした場合は不合格にするのだ。

記述式テストは、受験者が 'dog' という言葉を聞いて、正確なイメージを作れるかどうかを試すものだ。そしてこのテストに合格できない人は、'dog' という「言葉」を知っていても、その「内実」を理解していないことになる。

やや古い話になるが、**昔の論理学では 'dog' の共通性質のことを 'dog' 概念の「内包」と言っていた。だから 'dog' 概念を分かっている条件の 1 つは、内包（'dog' と呼ばれるものの共通性質）をきちんと知っていることなのだ。**

「外延」と普通名詞

'dog' 概念をきちんと理解している条件はもう 1 つあ

る。それは 'dog' と呼ばれる個体と他の種類の個体を、間違えずにきちんと分類できることだ。

それを確かめるには「択一式テスト」が必要だ。じっさい、記述式テストに合格した人でも、目の前にいろいろな動物をつれてきて、「これは 'dog' ですか」と質問したら、とんでもない答をする可能性がある。イヌとタヌキの区別がつかなかったとか、大きめのネコを 'dog' と言ったりすることもあるかもしれない。択一式テストは、他の概念との区別をはっきり分かっているかを知るために必要なのだ。

じっさい、'dog' という概念をきちんと分かっている人なら、目の前の個体を見て「これは 'dog' に分類してよい」「これは 'dog' 概念からははずれる」という区別がつくだろう。言い換えると 'dog' という概念がフィルターの役を果たして、'dog' と呼んではいけないものをすべて排除できるのだ。

このフィルターがきちんとできている人は、さまざまなものの中から不純物を濾し取って、'dog' と呼べる個体だけを集めることができるだろう。つまり 'dog' と呼べる個体を寄せ集めた集合を作れるのだ。

古典的な論理学では、この集合のことを 'dog' 概念の「外延」と呼んでいた。この言葉を使えば、'dog' という名詞をきちんと理解していることの2番目の条件は、自分の頭の中に 'dog' 概念の外延集合を作れることなのだ。

普通名詞とは何か

英語の普通名詞 'dog' を理解することは、それが指している 'dog' 概念を理解することだ。そして 'dog' 概念を理解しているとは、その、

- **内包**（'dog' 個体に共通な性質）
- **外延**（'dog' 個体の集合）

という知識を獲得することだ。だから 'dog' という普通名詞を理解しているネイティブは、この2種類の知識を頭の中にもっていると言ってよいだろう（図1-2）。

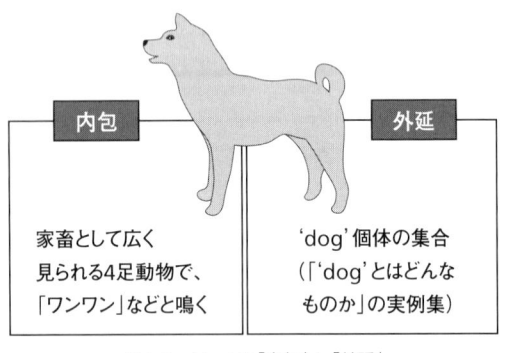

内包	外延
家畜として広く見られる4足動物で、「ワンワン」などと鳴く	'dog' 個体の集合（「'dog' とはどんなものか」の実例集）

図1-2 'dog' の「内包」と「外延」

ここで紹介した「外延」の考え方を使って、英語の普通名詞の特徴を表現するとこうなる。

> **point!** 'dog' という普通名詞は 'dog' 個体の集合を指せるけれど、1匹いっぴきの 'dog' 個体は指せない

 その点、日本語の名詞「イヌ」は、「イヌ」個体の集合も指せるし、「イヌ」個体そのものも指せる。日本語の名詞はこの点すこぶる便利なのだ。
 私たち日本語人はこの便利さを当たり前のように考え、この発想を英語の名詞にも当てはめてそれでよいと思っている。それが 'dog' =「イヌ」という考えだ。**だがこの根本的な誤解のために、私たちの英語理解には大きな欠陥が生じている。それが冠詞の問題なのだ。**

普通名詞は個体を指せない

 'dog' がイヌ個体を指せないことを見てきたが、その点、英語の普通名詞はすべて同じだ。'book'(本)も 'desk'(机)も 'store'(店)も 'cabbage'(キャベツ)も、そのままの形では個体を指せない。
 日常生活で個体を指せないのは、致命的な不便さを生む。朝起きて「**時計**はどこだ」と探すのは、時計概念ではなくて時計個体だ。朝ごはんのときに「**コップ**持ってきて」の「コップ」もコップ個体だし、出勤しようとして「**財布持ちましたか**」と注意されるときも、忘れていけない

第1章 イヌとdogは何がちがうのか? 53

のは財布概念ではなく財布個体だ。日常交わされる会話の中で名詞が指すものは、9割9分が概念ではなく個体なのだ。

ごくふつうの日常とは別に、身に危険がせまっているときもそうだ。「裏の**土手**が崩れそうだ」「あ、**マムシ**がいる」「**竜巻**がこっちに来るぞ」などと言う場合も、太字の名詞が指しているのはすべて個体だ。だから名詞で個体を指せないと、日常生活もできないし身を守ることもできない。名詞が個体を指せないのは、致命的な不便さなのだ。

固有名詞だけでは生きていけない

たしかに名詞で個体が指せないのは困るが、私たちは家族や友達とは**固有名詞**で呼び合っている。そして固有名詞はもともと決まった個体の名前だから、個体を指すならすべて固有名詞を使えばよいのではないだろうか。

ところがそうはいかない。山歩きをしていてマムシに出会ったときを考えてほしい。この危険を、どうやって仲間に伝えればよいだろう。普通名詞が使えれば「マムシが出たぞ」ですむ。しかし初対面のヘビの固有名を知っている人はまずいないだろうし、国内のヘビにすべて固有名をつけることなど不可能だから、そもそも名前がない可能性が高い。すると目の前に毒ヘビがいるのに、仲間に「○○が出たぞ」という言葉で警告できないのだ。

しかも仮にそのマムシが「長太郎」という固有名をもっていたとしても、「長太郎が出たぞ」という言葉を聞いて、身の危険を察知する人が何人いるだろうか。「長太郎」という固有名詞は何もヘビの名前でなくてもよいからだ。人の名前かもしれないし、焼酎の銘柄の名前かもしれない。「長太郎」という名前を聞いて焼酎のことだと考えた人がいたら、その人は身にせまった危険を分からないにちがいない。

しかしこの点、「マムシ」という普通名詞はちがう。「マムシ」という普通名詞は動物の分類名だから、学校の理科の時間をまじめに聞いていた人なら、「マムシ」という名詞を聞いた瞬間「毒をもったヘビ」ということが分かる。だから逃げる心構えをすることができるのだ。

個体を指すことの大切さ

「マムシ」の例から分かるように、**普通名詞はものごとを分類して「このような種類のものですよ」ということを教えてくれる。**

たとえば「お巡りさん」という普通名詞は、それを聞いた瞬間その人がどんな仕事をしているかが分かる。「ボールペン」という言葉を聞けば、それがどんな種類の道具で、どう使えばよいかも分かる。「トマト」という普通名詞を聞けば、私たちはその色や形やおおよその味まで分かる。「美術館」という普通名詞だったら、そ

れがどんな目的の建物かが分かる。

　じっさい、家に見知らぬ人が訪ねてきたとき、その人が「私は長太郎と申します」と固有名を告げても彼の正体は分からないし、どう対応してよいかも分からない。だが「小学校の担任で、家庭訪問に来ました」と普通名詞で自己紹介してくれれば、その人の正体も分かるし、どう対応すればよいかも分かる。**「個体を普通名詞で指す」ことで、私たちは日常生活を安全にすごし、危険にも立ち向かうことができているのだ。**

　だがそれは日本語の話だ。何度も言ったように、日本語では普通名詞で概念も個体も指せるために、そのような平穏な生活ができている。しかし英語はそうではない。普通名詞は概念しか指せず、そのままの形で個体を指すことはできないのだ。

　とすると、英語の普通名詞が個体を指せないのは致命的なことだ。何らかの手を打たなければ生活すら営めないではないか。

　つまり英語の普通名詞にとって、どうやって個体を指せるようにするかは死活問題なのだ。次章では、英語がこの問題にどんな解決を与えたかを見てゆこう。そしてそれが分かれば、英語の冠詞の本当の意味も見えてくるだろう。

＊1 'it' には、これまでの文の名詞ではなく、時や天気を表す用法がある。
It's seven o'clock now.
　「いま7時だ」
It's cloudy today.
　「今日は曇りだ」
などだが、このような 'it' の特別用法はここでは無視しておこう。

＊2 普通名詞というのは、いわゆる「数えられる」名詞のことだ。1つ、2つ、3つと数えられるものを指す名詞のことを、ここでは普通名詞と呼んでおく。

＊3 市川繁治郎（編）『英和活用大辞典』（研究社、1995）。

＊4 J.Adelson-Goldstein & N.Shapiro: *Oxford Picture Dictionary 2nd ed.*(OUP. 2008), p.215.

＊5 *Oxford Dictionary of English 2nd. ed.*, (Oxford U.P., 2005)

賢い辞書の使い方①

皆さんは辞書をどのように使っているだろうか。紙の辞書でも電子辞書でも、**もし「単語の訳語を見ておしまい」という使い方をしていたら、英語の力はぜったいに伸びない**。辞書にはもっと有効な使い方があるが、それをほとんどの人が知らないのではないだろうか。だからそのテクニックをいくつか紹介したいと思う。

最初に知らないといけないのは、紙の辞書と電子辞書がまったく異質なツールだということだ。紙の辞書には紙の辞書にしかできないことがあるし、電子辞書には電子辞書にしかできないことがある。そしてその使い分けを間違えると、それこそ「金をドブに捨てる」ことになるからだ。そこでまず使い分けのルールを述べよう。

> **英単語1個の意味を調べるときは、紙の辞書を使うこと。**

'house' でも 'come' でも 'beautiful' でも、単語1語の意味を調べるには紙の辞書がよい。

というのは、電子辞書は情報がずいぶん貧弱だからだ。たとえば皆さんが 'house' の意味を調べようとすると、紙の辞書（たとえば『ルミナス英和辞典』）には、次のような情報が書いてある。

(1) 訳語
(2) 訳語に相当する例文
(3) 'house' という語がいろいろな意味をもつに至った経緯（囲み記事）
(4) 「家を建てる」「家を取り壊す」など 'house' にまつわるさまざまな表現（囲み記事）
(5) 'house' の図
(6) 'apartment house', 'solar house' など '〜 house' という表現（囲み記事）
(7) 'house' という語を使った熟語・成句

　ところが電子辞書版では、しばしば (3), (4), (5), (6) は省かれてしまう。そして (2) は特定のキーを使って呼び出すようになっており、(7) は「成句検索」というまったく別の検索をしないと出てこない。つまり電子辞書で 'house' を調べても、直接画面に現れるのは (1) だけという場合がふつうなのだ。

　しかし単語の意味を知るのに、皆さんは (1) の訳語を頼りにしていないだろうか。もしそうなら、それはきわめて下手なやり方だ。というのは、**辞書を作る人がいちばん精力を傾けて書くのは (2) 〜 (7) だからだ**。そしてそれを読めば、皆さんも 'house' という言葉の意味が

少しずつ分かってくる。紙の辞書の記事はそのように書かれているのだ。

ところが電子辞書には、それらのほとんどが載っていない。また載っているにしても、それらの記事を呼び出すのに何段階かの手間がいる。だから電子辞書の操作になれていない人は紙の辞書にある大切な記事を読めず、'house' の意味を訳語だけで理解しようとすることになるのだ。

訳語をいくらたくさん教えられても、そこから 'house' の意味をはっきり分かるのは「連想ゲーム」と同じでむずかしいだろう。電子辞書で単語の意味を知ろうとする人は、紙の辞書に載っている大切な情報を無駄にしているとしか言えないのだ。

したがって、**単語の意味をよく知ろうとしたら、電子辞書を使わず、紙の辞書の囲み記事と例文をよく読むこと。**これが辞書をうまく使うコツの1つだ。

第 2 章

a と the は本当にややこしいのか?
——冠詞の発想——

'a' は「1つの」で 'the' は「その」と安直に訳していませんか? こうした訳語にもとづく理解だけでは、いっこうに冠詞の本質は分かりません。そもそも、なぜ英語には冠詞が存在するのでしょうか? 本章では、英語に通底する「取り出す」という発想に即して、冠詞の謎を解きあかしていきます。

なぜ冠詞が必要なのか？

第1章の話をまとめると、

① 英語の普通名詞 'dog' は 'dog' 概念（'dog' の外延集合）を指す
② その一方、'dog' 個体は指せない
③ しかし普通名詞 'dog' で個体を指せないと、きわめて不便になる

ということだった。

何度か述べたように、日本語の普通名詞「イヌ」は概念も個体も指せるので、その点の問題は起こらない。では英語には、普通名詞で個体を指す工夫はないのだろうか。当然ある。そうでなければ、英語はとてつもなく役立たずの言語になってしまうからだ。

本章では、**英語の普通名詞で個体を指す仕掛けを調べて**みよう。

英語で個体を指すには

日本語の場合を考えてみたい。日本語の「イヌ」が概念も個体も指せるのはなぜだろう。その理由はわりあい簡単だ。**日本語では、集合とそこに含まれる個体を同じ「イヌ」という言葉で表現しているのだ。**

ところが英語では 'dog' は集合しか指さない。しかし**集合を指す言葉はあるのだから、個体を「そこに含まれるもの」と考えれば個体を指す表現を作れるはずだ**。具体的に言うと「に含まれるもの」を表す記号を作り出して、それを 'dog' にくっつけてやればよいのではないか。

　たとえば '★' という記号が「に含まれるもの」を表すと約束して、'dog★' は 'dog' 個体つまり1匹いっぴきの 'dog' を表すことにするのも一法だろう。あるいは '★' の代わりにアンダーラインを使って、'dog' は概念を表すが 'dog' は個体を指すという約束にしてもよい。

　つまり 'dog' に何か記号を付け加えて、**個体を表す表現を作ればよいのだ**。

英語には「取り出し」の発想がある

　しかし英語は、'★' やアンダーラインよりもはるかに優れた方法を編み出した。この卓抜な考え方の原点は、**個体を「集合に含まれるもの」と考えずに、「集合から取り出したもの」と考えることだ**。この考え方の優れている点はあとで説明するとして、まずその考え方を述べておこう。それは、

① 最初は 'dog' 集合だけがある
② そこに「取り出し」という操作を加え
③ その結果、'dog' 個体が成立する

第2章　a と the は本当にややこしいのか?

と考えるのだ。

つまり、集合に「取り出し」という操作が加わると、そこで初めて個体が出現するというわけだ（図 2-1）。

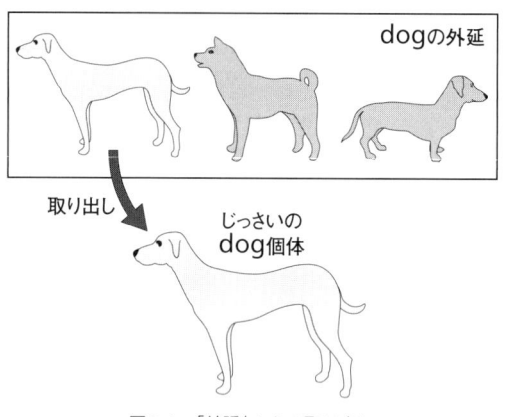

図2-1 「外延」からの取り出し

限定詞のはたらき

そして英語は、この発想を忠実に映し出す語法も作り出した。つまり集合を表す普通名詞 'dog' に、取り出しを表す特定の形容詞を付け加えて、「**形容詞＋普通名詞**」で 'dog' 個体を表すことにしたのだ。この取り出しを表す特別な形容詞は、「限定詞 (determiner)」という名で呼ばれている。

具体的な例で説明しよう。'this' という語は限定詞の

1つだ。そこで、普通名詞 'dog' に限定詞 'this' をつけた 'this dog' という表現を考えてほしい。概念しか表さなかった普通名詞 'dog' が、'this dog' となると「このイヌ」となって、目の前にいる 'dog' 個体を指していることが分かる。

これを図式的に書くと、

普通名詞 'dog'	＋	限定詞 'this'	＝	'this dog'
↕		↕		↕
'dog' の外延集合	＋	取り出し	＝	'dog' 個体

ということになる。

このように英語では、**限定詞＋普通名詞という形によって、個体を普通名詞で指している**のだ。

限定詞はたったの6種類

それでは集合からの取り出しを表す限定詞には、どんな種類のものがあるのだろう。それはきわめて限られていて、次の6種類しかない。

① **不定冠詞** 'a'
② 漠然とした数を表す 'some', 'many', 'few', 'several' などの**不定形容詞**
③ 具体的な数を表す 'one', 'two', 'three' などの**数詞**
④ **定冠詞** 'the'

⑤ 指示形容詞 'this', 'that', 'these', 'those'
⑥ 名詞と代名詞の所有格 'Jack's', 'Maggie's', 'my', 'your', 'his' など

だからたとえば、'a computer'（1台のコンピュータ）、'some place'（ある場所）、'three women'（3人の女性）、'the problem'（その問題）、'those trees'（あの木々）、'your sons'（君の息子たち）などはすべて、概念ではなく個体を表す表現になっている。

> **日本人が陥りやすい誤解**

ここには、私たち日本語人が忘れがちな、しかももっとも大切な英文法がある。そしてこのことは、ほとんどの文法書に書いてない。これはぜひ皆さんに記憶しておいていただきたいので強調しておこう。それは、

> **point**
> 限定詞のつかない英語の普通名詞は、
> 個体を表すことができない

ということだ。

私たち日本語人は、日本語の普通名詞が概念も個体も指せるために、英語の普通名詞も同じだと思い込んでいる。つまり**英語の普通名詞を使えば、それで個体を指せると思っている**。だが第1章でも述べたように、これは致

命的な誤りだ。その思い込みを逆転させる必要がある。

たとえば飼いネコがいなくなって「ネコを探して」と言う場合、私たち日本語人は、

　　Look for cat.

と言いがちだが、これはネイティブにとっては「不思議な英語」だ。'cat' はネコ概念しか指さないのだから、「ネコ概念を探して」くらいの意味にしかならない。もしそうでなければ 'cat' を固有名詞と勘違いして、「'Cat' という人を探して」という意味にとるかもしれない。どちらにしても**限定詞なしの 'cat' は、ネイティブにとって何を指しているのかよく分からない言葉なのだ。**

だからこの場合の正しい表現は、

　　Look for our cat.

だ。そうすれば「ああ、君の家の飼いネコだね」とネイティブに分かってもらえる。

> **限定詞えらびの習慣を**

私たち日本語人は、英語の普通名詞を使えば個体を指せると思っている。その誤りから足を洗う第 1 歩が、個体を指すには名詞に必ず限定詞をつける習慣を確立す

ることだ。だからネコ個体でも、イヌ個体でも、あるいは部屋個体でも電車個体でもよい、とにかく**個体を指すには、どれか限定詞をつけるようにするとよい。**

たとえばネイティブに1脚の「椅子」個体を理解させようとしたら、まず「'chair' の前にどの限定詞をつけようか」と考えるべきだ。'a chair' だろうか、'the chair' だろうか、あるいは 'my chair' だろうか、それとも 'that chair' だろうか。

このように、英語の普通名詞で個体（個物）を指すときは、いつも「限定詞えらび」をするクセをつける。個体を指すのに「どの限定詞もつけない」場合はないからだ[*1]。

そこでこの教訓を次のように言いなおそう。

> **point!** 英語の普通名詞で個体を指すときは、
> 先に挙げた ① 〜 ⑥ の限定詞のうち、
> どれをつけるかを必ず考えること

何の限定詞もつけなければ、普通名詞で個体は指せない。これは日本語人向けの英文法でもっとも基本となるものだ。

限定詞は「ふつうの形容詞」にあらず

限定詞は、普通名詞にかかる形容詞の形をとる。だが

限定詞は、「ふつうの形容詞」とまったくちがう性質をもっている。

じっさい、ふつうの形容詞である 'black'（黒い）をとってみよう。この形容詞を普通名詞 'dog' の前につけて、'black dog'（黒イヌ）という語句を作ったとする。この語句は最初の 'dog' より指すイヌの範囲が狭まっている。黒い色でないイヌは、はずされているからだ。

しかし範囲が狭まったといっても、この表現はけっして 'dog' 個体を指していない。**むしろ依然として「黒い色のイヌ」全体の集合を指している**。つまり 'black dog' は「黒イヌ全般」を指しているが、どこかにいる1匹の黒イヌを指すわけではない。

だがこの 'black dog' に、どれか1つ限定詞をつけてみてほしい。'my black dog'（私の飼っている黒イヌ）、'a black dog'（1匹の黒イヌ）のように、個体を指す表現が出現する。

つまり、**文法上は「形容詞」と同列に扱われているけれど、限定詞はまったく特別な形容詞なのだ**。

「含まれる」と「取り出す」のちがい

少し前に限定詞を列挙して、「6種類しかない」と言った。

だが限定詞が取り出し操作を表すものだとしたら、皆さんはむしろ、限定詞が「何で6種類もあるのだ」と

疑問に思わないだろうか。しかしこれが、まさに「取り出し」という発想の優れた点を表している。

すでに述べたように、個体と概念（集合）の関係を言い表すのに「個体は集合に含まれるもの」という考え方もできる。「含まれる」のも「取り出す」のも、大きなちがいはないように思われるが、皆さんはどう考えられるだろう。

結論から言ってしまうと、大きなちがいが出てくる。というのは、**「取り出し」方にはいろいろな種類が考えられるが、「含まれ」方にはあまり種類が考えられないからだ**。

じっさい皆さんは、個体が集合に「含まれる」パターンを何通り考えられるだろうか。種類などなく、「含まれる」は「含まれる」というだけで、それでおしまいではないだろうか。だが、それを「取り出し」という発想で考えると、そこに多くのバラエティがあることに気づく。

'this' と 'that' のはたらき

話を具体的にするために、'this' や 'that' という限定詞を例にして考えてみよう。

これらの言葉は「指示形容詞」という名で呼ばれている。辞書を見れば分かるが、これらの語の項目にはたくさんの意味が並んでいる。しかし派生的な意味をいっさい切り落として、'this' や 'that' のもともとの意味を見る

と、「指示」という名前通り**「指で差し示し」て個体を特定する言葉**なのだ。

日本語の「これ」「それ」「あれ」も同じ意味の言葉なので、その使い分けを簡単に述べておこう。図 2-2 を見てほしい。

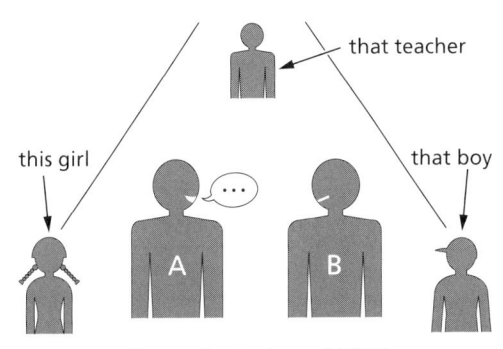

図2-2 'this' と 'that' の位置関係

話し手 A と聞き手 B が会話している場面だ。話し手 A のかたわらには 1 人の少女がいて、聞き手 B のそばには少年がいる。そして少しはなれたところに、その子たちの先生がいるとしよう。

この場合、話し手 A は、少年や少女や先生をどのように聞き手 B に紹介するだろう。日本語で考えれば、

(1) 聞き手より自分に近いところにいる少女を**指差して**→「この」少女
(2) 自分より聞き手に近いところにいる少年を**指差**

して→「その」少年
(3) 話し手・聞き手から等距離にいる先生を**指差し
て**→「あの」先生

と紹介するだろう。英語の 'this' や 'that' もこれと同じだ。話し手は、

(1′) 聞き手より自分に近いところにいる少女を**指差し
て**→ 'this girl'
(2′) 自分より聞き手に近いところにいる少年を**指差し
て**→ 'that boy'
(3′) 話し手・聞き手から等距離にいる先生を**指差し
て**→ 'that teacher'

と言うのだ。ここからも分かるように、英語の 'that' は日本語の「それ」と「あれ」の両方の意味を持っている。

'this' の取り出し方

だがここで、'this' と 'that' が限定詞だったことを思い出してほしい。これらの限定詞は、どのようにして集合から個体を取り出しているのだろう。(1′) から (3′) まですべてを説明するとやたらと長くなるので、ここでは (1′) の場合だけを考える。

この場合、話し手は 'this' という語を使うことで、次

の2つの条件、

① **聞き手よりも自分の近くにある**
② **自分が指差している**

を満たす個体を 'girl' 集合から取り出せ、と聞き手に要求しているわけだ。

言い換えると 'this' という限定詞は、**話し手と聞き手の位置関係、および話し手の指差しを手がかりとして個体を取り出すはたらきをもっている**のだ。

'X's' の取り出し方

では、'my picture' という表現の 'my' は、どのような仕方で 'picture' 個体を取り出すのだろう。

それを調べるために、'my picture' にはどんな意味があるかを挙げてみよう。「私が所有している絵」という文字通りの意味だけでなく、「私が描いた絵」「私を描いた絵」などの意味も考えられる。

そのほかにも 'children's books' は「子ども向けの本」だし、'Einstein's problem' といえば「アインシュタインが提起した問題」「アインシュタインがかかえている問題」などいろいろ考えられる。

しかし意味はいろいろあっても、これらはすでに挙げた 'this' や 'that' とは異質の仕方で、個体を取り出して

いることが分かるだろう。

　おおざっぱな言い方をすると、'X's Y' の場合、何らかの人間的・社会的なつながりで、Y は X に結びついている。つまり 'this Y' と 'that Y' では、話し手と Y の場所的関係が個体を取り出す条件になっていたのだが、**所有格の場合には X と Y の人間的・社会的結びつきが取り出しの条件になっている**のだ。

　だから所有格の場合も、条件の質こそちがうが、'this' や 'that' と同じくやはり一定の条件を挙げて、その条件に合う個体を取り出すよう聞き手に要求しているのだ。

限定詞は多様な個体を示す

　いままで指示形容詞と名詞の所有格という 2 種類の限定詞のはたらきを見てきた。そして皆さんは、限定詞はどんな条件で取り出すかに応じて、さまざまな形で個体を取り出すことができると分かっただろう。

　そして逆に言うと、**名詞につく限定詞によって、取り出された個体はさまざまな性格をもつことになる**。私たち日本語人にとって「イヌ」個体は「イヌ」個体であって、それ以上の区別はない。

　だがネイティブにとっては、ついている限定詞の種類に応じて、さまざまな種類の 'dog' 個体が存在するのだ。別の言い方をすると、限定詞のおかげで**ネイティブは 'dog' 個体の中に、私たち日本語人には見えない区別を見**

て取っているのだ。

　例を挙げよう。次の「イヌ」は英語ではどう言うだろうか。

　　(A) **イヌ**を探してください（迷子犬のチラシ）
　　(B) **イヌ**を飼いたいな
　　(C) あの**イヌ**かわいいね
　　(D) **イヌ**にご注意！（猛犬注意の張り紙）

言い方にもよるだろうが、答はおそらく次のようなものだ。

　　(A) Please look for **our** dog.
　　(B) I want to have **a** dog.
　　(C) **That** dog is cute.
　　(D) Beware **the** dog!

　このように、英語の 'dog' 個体は、日本語の「イヌ」個体よりはるかに多様なのだ。
　だから私たちが英語の名詞を分かろうとしたら、日本語の習慣のままに「イヌ」の一言ですませてはいけない。**「英語だったらどの限定詞がつくか」をつねに考える練習を**しないといけないのだ。

冠詞の発想をさぐる

　さてここからいよいよ冠詞の話をしてゆくのだが、話の方向はだいたい見えている。**定冠詞にしても不定冠詞にしても、それらは限定詞なのだ。そして限定詞は、**いままで述べたように集合から個体を取り出す仕方を表す言葉なのだから、その意味は、「**どんな種類の取り出しをするか**」を調べれば分かるはずだ。

　となれば、'a' や 'the' の意味を知ろうとしたら、それらがどんな取り出し方をしているのか、それをさぐるのがもっとも早道だ。

　しかし皆さんに、あらかじめお断りしておかないといけない。第１章で述べた 'he' を思い出してほしい。'he' という語は、日本語にない発想からできた言葉だった。だから当然日本語に対応する言葉はなく、「イッパツできまり」の訳語もなかった。それと同じことが、これから述べる冠詞にも言えるのだ。

　そもそも冠詞は日本語にない言葉だ。なぜ英語にそんな言葉があるかというと、英語の名詞は概念しか指せない事情があったからだ。そこで**名詞で個体を指すために限定詞という言葉が工夫され、冠詞もその１つとして使われている**のだ。

　とすれば、もう皆さんにはお分かりだろう。冠詞がどのような取り出し方をするかを調べても、「どんなときでも即OK」の訳語はないのだ。ただ 'he' のときと同様、

冠詞がどのような取り出し方をしているかを調べて、

　① ネイティブがどんな発想で冠詞を使うかを知り
　② それにもとづき、そのつどの日本語を工夫する

ことはできる。

2種類の取り出し方

　こう言った以上、すぐに冠詞の問題に入りたいのだが、その前に1つだけ注意しておかないといけないことがある。それは、**限定詞の取り出し方は大きく分けて2種類あること**だ。

　先に調べた 'this' や 'that' の取り出し方をふりかえってみよう。'this dog' や 'that dog' は、'dog' 集合の中から1つの個体を取り出す表現だ。しかしこの「取り出し」はもっぱら概念の**外延**に注目した話だった。

　しかし今度は、概念のもう1つの要素である**内包**に注目してみよう。外延や内包のことを忘れてしまったという方は、第1章の後半をもういちど見てほしい。そこには、'dog' 概念を理解している条件の1つとして 'dog' 個体が共通にもっている性質を列挙できること、が挙げられていたはずだ。その、'dog' 個体が共通にもっているいろいろな性質が 'dog' 概念の内包だ。

　つまり 'dog' 概念の内包は、辞書に書いてある定義の

ことだと思えばよいだろう。「肉食性だ」「哺乳類だ」「しばしば愛玩用、見張り用に飼われる」「嗅覚が鋭い」などなどの性質がそれだ。

だがこれはあくまで 'dog' 一般がもっている性質、つまり 'dog' としての最低限の性質だから、1匹いっぴきの 'dog' 個体はそれに加えて何か特殊な性質をもっている。つまり「黒白のまだら模様がある」「片方の耳が折れている」「ネコをこわがる」「人に対して愛想がない」など、**限定詞によって取り出された 'dog' 個体は、内包以上の性質を何かもっているのだ。**

限定的な取り出し

さて話をもどして 'this dog' 個体のもつ性質を考えてみよう。これは外延から取り出された個体だから、当然 'dog' の内包より多くの性質をもっている。「しっぽが垂れている」「足の先だけ黒い」「背中に丸いハゲがある」などなど数え上げればきりがない。

だがそれらの中で、とくべつ大切な性質がある。それは 'this' という**限定詞によって付加される「いま現在話し手の近くにいる」、「いま現在話し手が指差している」という性質**だ。なぜならその性質のために、'this dog' 個体はゴマンといる他の 'dog' 個体から区別され、「これ以外ない、たった1つの」個体として絞り込まれるからだ。

つまり 'this dog' と言えば、その表現に該当する 'dog'

個体はたった1つに決まってしまい、それ以外の 'dog' 個体はすべて排除されてしまう。この 'this' による取り出しのように、「この個体以外はダメ」と個体を絞り込んで取り出すのを、「限定的（definite）な取り出し」と呼んでいる[*2]。

名詞の所有格も同じだ。取り出しの条件はちがっても、結果的に私たちは、1つの個体を絞り込んで了解しているからだ。じっさい、

Jack's house was destroyed by fire.
「ジャックの家が火事で焼けたよ」

では、会話している人たちにとって、ある特定の 'house' 個体を指していることは明らかだ。また、

Return me my book.
「私の本を返してください」

の場合も同じで、話し手が返せと言っているのは、話し手がかつて聞き手に貸した本のことで、聞き手がそれ以外の本をもってきても、話し手は納得しない。

つまり 'my book' は「これ以外ダメ」という特定の 'book' 個体を指しているのだ。他の例は省略するが、**名詞の所有格が「これ以外ダメ」という特定の個体を取り出すはたらきをしていることは、皆さんにも了解していた**

だけるだろう。これが「限定的な取り出し」だ。

非限定的な取り出し

これに対するのが**非限定的な取り出し**だ。英語では'indefinite' という言葉を使う。

やはり 'dog' を例にとって、その取り出し方をまず述べておこう。非限定的な取り出しは限定的な取り出しとは逆に、

① どの個体かを特定せずに
② 'dog' 集合から個体を取り出す

のだ。言い換えれば、話し手は聞き手に、「どの個体が」の情報は与えず、その個体が 'dog' という種類のものだということだけを教える、それが非限定的な取り出し方なのだ。

だから取り出された個体は、

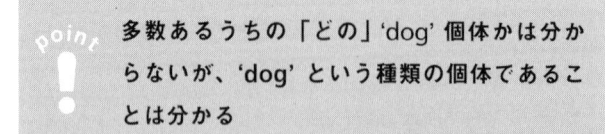

> point
> 多数あるうちの「どの」'dog' 個体かは分からないが、'dog' という種類の個体であることは分かる

のだ。

これは要するに、特定個体の情報が含まれていない個

体を取り出すことだから、**取り出された個体の性質は概念の内包以上に増えていない**。つまり聞き手は 'dog' 一般がもつ性質以上のことは分からぬまま、取り出された個体を理解することになるわけだ。これが非限定的な取り出しの特徴だ。

> **不定冠詞 'a' の取り出し**

一見すると私たちは、こんなアバウトな取り出し方が何の役に立つのかと疑いたくなる。だが、考え方を逆転させてみよう。**不定冠詞 'a' は、まさにこのような取り出しをするために作られた言葉なのだ**。その役割はおいおい述べるとして、まず限定詞 'a' の取り出しがどんなものかを述べておこう。

普通名詞 'X' に不定冠詞 'a' がついた場合、その取り出し方は、

① **取り出された個体は 1 つで**
② **その個体が 'X' という種類のものであることは分かるが**
③ **「どの X か」の情報はまったくない**

というものだ。こんな「ないないづくし」の取り出しが、どんなものであるかを考えてみよう。

このうち①は皆さんも了解していただけるだろう。私

たちが中学校で最初に習った 'a' の訳語は「1つの」だ。だから不定冠詞 'a' が 1 つの個体を取り出すことは認めてよいだろう。

だが問題は②と③だ。前に見た 'this' や 'my' は、「こんな個体を選び出せ」という条件をつけていたので、聞き手もきっちりと特定の個体を絞り込むことができた。ところが 'a' は、**個体を絞り込む条件をすべて棄てているのだ**。

しかし、一見すると弱さに見えるこのはたらきが 'a' の本当の強さであり真価なのだ。というのは、**非限定的な取り出しのポイントは、「どの個体か」ではなく「どんな種類の個体か」の情報を発信することにある**からだ。だから個体の「どれ」より「どの種類」が情報として重要になる場合、不定冠詞 'a' はいちやく主役として脚光を浴びることになる。

そこでこれから、不定冠詞が登場する代表的な場面をいくつか挙げ、'a' の意味を体で分かっていただくことにしよう。

'a' を用いる 5 つの場面

'a' の意味を教えてくれるなら、その訳語も教えてくれと言いたい方もいるだろう。だが**不定冠詞はもともと日本語にない言葉だから、訳語を作ることは無理**だ。しかしネイティブが 'a' を使うココロは、私たち日本語人に

も理解することができる。そのココロを知るには、彼らがどんな場面で 'a' を使うかをいろいろ見ることだ。

　そしてそれらの場面を見ていると、ネイティブがどんなところで 'a' を使うかが分かってくる。その「呼吸」と言うか「ノリ」と言うか、それが分かれば、私たち日本語人も不定冠詞の意味を知ることができるのだ。

　そんなわけで、不定冠詞 'a' の使い方と意味を知るために、以下では非限定的取り出しと関連させながら、'a' の用法を見ることにしよう。そうすれば 'a' という言葉が不思議でも何でもなく、むしろ私たち日本語人もきわめてよく使うものであることが分かるだろう[*3]。

① いままでの文脈に登場しない人や物事を取り上げる場面

　友達と会って、会話している場面を考えてほしい。そんなときは、お互いに知っていることがまず話題に上りがちだ。「つい３日前に**前田**に会ったよ」と**固有名詞**が会話の糸口になるときもあるし、「**君の次男**は○○高校の野球部なんだって？」のように、**所有格つきの名詞**が話題を提供するときもある。

　だがこんな場合とは別に、これまでの話に出てこなかった人やものごとが話題になることもある。たとえば、

　　I was in a car accident yesterday.
　　「きのう**交通事故**に遭ったよ」
　　He has bought a car.

第2章　a と the は本当にややこしいのか？　　83

「あいつ車を買ったよ」
　　A typhoon will come.
　　「台風が来るぞ」

といったたぐいだ。この太字の名詞に注目してほしい。**皆さんに伝わってくる情報は、「そういう種類のものごと」以上のものでないことに気づくだろう。**

　つまりここから分かるのは、話し手が「交通事故という種類の出来事」に遭ったこと、あの男が「車という種類のもの」を買ったこと、これからやって来るのが「台風という種類の出来事」だということ、それだけだ。それ以上に、具体的にどの個体かを絞り込む情報はない。

　このような仕方で使われている太字名詞は、ネイティブからするとすべて**「種類以上のことが分からない１つの個体」**を指しているから、**不定冠詞 'a' がつくのだ。**

② **ものの名前を教える場面**
　母親が幼い子にものの名前を教えている場面を想像してみよう。母親が子どもにものの名前を教えるには、

・特定の人やものの固有名詞を教える
・「この種類のものはこの名前で呼びなさい」と教える

の２種類があるだろう。

固有名詞を教えるには、具体的な人やものを指差して、「お父さん 'Dad'」「お母さん 'Mom'」「ジェイン 'Jane'」などと教えればよいが、普通名詞を教えるときはそうはいかないはずだ。

しかし母親が子どもに普通名詞を教えるのを見ていても、やはり食卓の皿を指差して「おさら」、歩いているイヌを指差して「ワンワン」、ホームに入ってきた電車を指して「でんしゃ」などと教えている。となると、**母親が固有名詞を教えるときと、普通名詞を教えるときとは、まったく同じことをしているのだろうか**。

そうではない。母親が食卓に載っている1枚の皿を指して「おさら」と言うときの「おさら」を考えてほしい。母親は特定の皿の特定の呼び名である「おさら」という固有名詞を教えたいわけでなく、**これは「おさら」という種類のものよ、ということを教えたいのだ**。

つまり子どもにものの名前を教えるとき、そこで使われている普通名詞は、種類を教える非限定的な取り出し方で使われているのだ。だから**英語でものの名前を教えるときは、不定冠詞の出番となる**。たとえば、

This is a pen.
　「これは pen と言うのよ」
This is a desk, not a table.
　「これは desk よ、table じゃないの」
That is an electron microscope.

「あれは**電子顕微鏡（という装置）**です」

といったように。私たちが中学の最初に習った 'This is a pen.' の 'a' は「という種類のもの」の意味だったのだ。

③「その種の１つ」がポイントになる場面

　人の職業を紹介するときを考えてほしい。この場合に必要とされているのは、その人がどんな種類の仕事をしているかの情報だ。つまり仕事の上でどんな種類に属しているかが分かればよいのだから、そのときには不定冠詞が使われる。

　　I'm a swimming instructor.
　　　「私は**水泳のインストラクター**です」
　　He is a screen actor.
　　　「あの人は**映画俳優**だ」

　この種の言い方は「〜という**種類の１個体**」がポイントになっているので、「〜の１つ」と言いたい場合には不定冠詞 'a' が使われる。私たちは中学校で「'a' は『１つの』と訳しなさい」と教わるが、それはこの意味なのだ。
　同じように、むずかしい数学の本を読んだ人が、

　　Is this an alien language?
　　　「これは**宇宙人の言葉**かい？」

と言うときの 'an' は、「宇宙人語の 1 つ」という意味だ。また、

 That's not an answer.
  「それは**答**になっていない」

は、相手の言ったことが「答の 1 つ」になっていないと拒否しているわけだ。そして、

 She has published a book.
  「あの人（女性）が**本**を出しましたよ」

では、「本を出した」こと、つまり「本という種類のもの」を出したことが情報のポイントなので、そこに 'a' がついているわけだ。

④「**特定はできないが、その種のものが 1 つ」と言いたい場面**
 種類がポイントで「どの個体か」に重点がないということは、「どれであるかはともかく、その種類の個体が 1 つ」という意味になる。話し手が本当にどの個体か分からないこともあるだろうし、知っていても言わないこともあるだろう。
 しかしそのどちらにしても、聞き手にとっては非限定

的に個体を 1 つ取り出すことに変わりはない。だからこのような場合も 'a' の出番になる。日本語では「ある〜」「何か〜」という意味合いが含まれる場合がこれだ。

たとえば昔話の書き出しとして、

> There once lived an old king in a small island.
> 「昔ある**小さな島**に年をとった王様が住んでいました」

を見てほしい。昔話では、場所はけっきょく特定されずに物語が展開することが多い。このような場合の 'a small island' は、名前が分からない「ある島」の意味だ。そのほか、

> There is a company that wants you.
> 「**ある会社**が君をほしがっているんだ」
> I've got a plan.
> 「**ある計画**を思いついた」
> His idea has a grave defect.
> 「あいつの考えには**ある重大な欠陥**がある」

などの文でも、個体の特定を避ける意味で 'a' が使われていることが分かる。

不定冠詞の基本的なはたらきは「非限定的な取り出し」だと押さえてしまえば、このような意味も当然ありうるものと予想できるだろう。

⑤「その種のものならどれでも１つ」と言いたい場面

　非限定的な取り出しでは、個体が「どれであるか」は問題にならない。だが、「どれであるか」を問題にしないということは、先の④のように「どの個体であるかは言う必要がない」というだけではない。つまり、**個体がその種類のものであればどれであろうとかまわない**、という意味にもなるだろう。

　じっさい、「どれであるかを問題にしない」を消極的にとらえれば「どれであるかは言えない」ことになるけれど、それをひっくり返して言いなおせば、むしろ積極的に「どれでもよい」という意味になる。

　たとえば小学校の先生が生徒たちに言う、

　　　Please draw a picture of an animal.
　　　　「**動物の絵を描いてください**」

は、「どんな動物でもよいから」「とにかく絵という種類のもの」を描いてくれという意味だ。あるいは、

　　　Give me a reply.
　　　　「**返信をくださいね**」
　　　I want a light dish.
　　　　「**軽い食事がほしい**」

も同じで、「とにかくその種類のもの」という意味だ*4。

'a' の本当の意味

これまで、不定冠詞を使う代表的な場面を5つ挙げた。皆さんは 'a' をどんなときに使えばよいかがおよそ分かったことだろう。

不定冠詞は普通名詞 X について、'an X' という形で使われる。その意味を一言で言ってしまえば、

> **point**
> **'an X' とは X という種類の1個体**

なのだ。

ただし不定冠詞には、「非限定的な取り出し」という基本的な意味があった。つまりその個体が「どれであるか」はさておき、「その種類に属する」ことのほうが大切な情報となる場面で使われる、という条件がある。そのため上記のような5つの場面で使われることになるのだ。

ただもちろん、いま挙げた5種類の場面はきっちりと分けられるわけではない。むしろじっさいに不定冠詞が使われるときは、①〜⑤のいくつかにまたがって使われることがほとんどだろう。すでに挙げた例でも、

She has published a book.

は、①と③と④にまたがった意味だろうし、

　　Give me a reply.

は、①と③と⑤にまたがっているのだろう。

　ただし、それらがきっちり分けられないからといって、「'a' の意味はあいまいだ」ということにはならない。**'a' の意味はむしろはっきりしていて、「X という種類の1個体」でそれ以外ない**。そしてそれを支えているのが、「非限定的な取り出し」という発想なのだ。

　こうした例からも分かるように、その取り出しは私たち日本語人が気づかないだけで、指摘されれば日常使いまくっていると認めるしかない身近なものだ。ただ残念なことに、**私たちの日本語には「非限定的な取り出し」をズバリ指し示す単語がない**。そのために①〜⑤を、きっちり訳し分けられないだけなのだ。

'a' と 'one' のちがい

　不定冠詞の項目を終えるにあたり、不定冠詞とよく似た言葉とのちがいを述べておこう。その1つは、数詞の 'one' だ。

　先の ③ で、'a' を「1つの」と訳せる場面を紹介した。では同じ「1つの」でも、'one X' と 'an X' はどうちが

うのだろう。不定冠詞はもともと 'one' から生まれたと言われている。ということは、共通する部分をもちながらも、意味が分かれてきたということだ。だからこれらには同じ部分とちがう部分がある。それは何だろう。

　まず同じ部分だが、それは「1個のXを指す」ことだ。これは皆さんも納得されるだろう。しかし、ちがう部分となるとちょっと説明がいる。

　とはいえ、それはそんなにむずかしい問題ではない。「1個のX」は「1個の」と「X」という2つの部分からできている。その2つのうち、どちらに重点を置くかがちがっているのだ。一言で言えば、

> point
> **'one' は数の部分に重点があり、
> 'a' は種類の部分に重点がある**

だからたとえば、

(A) There were seven people there for one job.
(B) There were seven people there for a job.

だったら、(A)は「そこには**1つの**仕事に7人の人が集まっていた」と仕事の**数**に重点がある言い方だが、(B)は「そこには**仕事**を求めて7人の人が集まっていた」と、7人の人が求めていたものが「仕事」なのだという**種類**が要点になる。

やはり不定冠詞にとって大切なのは、あくまでも「その種の個体」なのだ。

'a' と 'some' のちがい

'some' が単数名詞についた場合、「どれとは特定しないが、Xという種類のものが1つ（ある）」という意味になる[*5]。たとえば、

He is hiding in some place in Africa.
「彼はアフリカ某所に潜伏中だ」
She has some new project.
「彼女には何か新しい企画がある」

というものだ。これは先に述べた不定冠詞の用法④とそっくりだが、この差は何だろう。

ここでもやはり、不定冠詞の基本が「非限定的な取り出し」にあることがポイントとなる。'some X' も 'an X' も「特定しない（できない）X」の意味なのだが、

> **'some X' は「特定できないこと」に重点があり、'an X' は「Xという種類の個体」に重点がある**

のだ。したがって先の例を使えば、

第2章 a と the は本当にややこしいのか？　93

(A) She has some new project.
(B) She has a new project.

のうち、(A) は「どんな企画か分からない」ことが重点だ。だがこれに対して (B) は、彼女が「新企画をもっている」ことに重点が移る。やはり不定冠詞にとって「〜という種類の個体」はゆずれない守備範囲なのだ。

'a' と 'any' のちがい

学校では 'any' は「いくつかの」と習うだろう。そして疑問文か否定文に使うと教わるが、これはすべてウソだ。'any' はりっぱに肯定文でも使えるし、「いくつかの」などという意味はもっていない。

いまは詳しく説明しないけれど、'any' の基本的な意味は「どんな〜でも」だ[*6]。だからこの語に単数名詞がついた 'any X' の意味は、「どんな X も」だ。

Any boy can do it.
　「どんな子でもそれはできますよ」
Take any book.
　「どの本でもとりなさい」

皆さんもお気づきのように、これは不定冠詞の使用場

面の⑤とほとんど同じ意味だ。ではこれらはどうちがうのか、といってももう答はお分かりだろう。

> **point !**
> 'any X' は「どれでもよいこと」に重点があり、'an X' は「X という種類の個体」に重点がある

このため、

(A) Take any book.
(B) Take a book.

をくらべると、(A) は「本ならどれをとってもよい」ことがポイントだが、(B) は「好きにとってよいのは、本という種類のものだ」と言っているのだ。つまりここでも、不定冠詞の「非限定的な取り出し」が生きているわけだ。

'one', 'some', 'any' は、意味の上で不定冠詞 'a' と「紙一重」のちがいしかない。そして辞書を見ても、そのちがいははっきり分からないことが多い。だが、不定冠詞のもっとも基本的な意味が「その種の1個体」だと分かった以上、皆さんには、このやっかいな訳し分けのココロも分かっていただけたと思う。

定冠詞 'the' の取り出し

いままで不定冠詞 'a' の話をしてきたので、この章の残りで定冠詞 'the' の取り出し方を説明しよう。

ただ1つお断りしておかないといけないのは、不定冠詞とくらべて定冠詞には多様な用法があり、本書の範囲内ですべての用法を説明できないことだ。とはいえ、定冠詞 'the' にも中心的なはたらきがあり、他の用法もそこから理解できる。そのためここでは、定冠詞のもっともベーシックなはたらきを説明しておこう。

さて、これまで述べた 'this', 'that' などの指示形容詞、あるいは名詞の所有格と同じく、**定冠詞 'the' は限定的な仕方で個体を取り出す**。限定的というのは、いろいろある同種個体の中から、特定の個体を絞り込むという意味だ[*7]。別の言い方をすると、取り出しの条件をクリヤーする個体が、おのずと限られてくるということだ。

それでは、定冠詞の取り出し方は他の限定的な取り出し方をする限定詞とどこがちがうのだろう。

絞り込みの《ヒント》と《手続き》

たとえば 'this boy' という表現を聞いた人は、どのようにして特定の男の子を絞り込んでいるかを考えてみよう。

ここには、2つの要素があることに気づく。その1つ

は、個体を絞り込むきっかけとなる《ヒント》だ。'this' という言葉を聞いた人は、その言葉によって「話し手に近いところにいる」「話し手が指差している」という手がかりを得る。このように**限定的な取り出し方をする限定詞は、聞き手が個体を絞り込む手がかりを与えるものでないといけない**。

もう1つは、その手がかりから個体を絞り込む《**手続き**》だ。'this' という言葉は、もともと話し手と聞き手の位置関係を指定する言葉だから、聞き手は話し手と自分の周囲を見回して、話し手の近くに男の子がいるかどうかを確かめることになる。つまり場所や指差しという条件に合った 'boy' 個体を探すことが、'this boy' の指す個体を絞り込む具体的な《手続き》になる。

これは名詞の所有格の場合も同じだ。たとえば 'Bob's problem' という表現だったら、聞き手はまず所有格の意味から、「ボブがかかえている問題」「ボブがひきおこした問題」などの意味だろうと当たりをつける。これが《ヒント》だ。

しかしそこから、「いま現在の会話で、話し手が述べているのはどの 'problem' だろう」と絞り込む《手続き》が必要だ。そんなとき私たちは（たいてい一瞬のうちに）、ボブのちかごろの健康状態や、家庭状況や、上司との折り合いなどを考え、「そういえばあいつは転職で悩んでいた」などと思い当たり、それがいま話題になっている特定の 'problem' なのだと了解するわけだ。

'the' を用いる3つの場面

　このように特定の個体を絞り込む限定詞には、絞り込むさいの《ヒント》と《手続き》がある。では定冠詞 'the' は、何を《ヒント》にして、どんな《手続き》で個体を絞り込んでいるのか。またそれは、'this' や 'my' などとはどのようにちがっているのか。それが分かれば、日本語人にも 'the' の本当の意味が見えてくるはずだ。

　しかし定冠詞 'the' の場合、困ったことに、《ヒント》と《手続き》がすぐ分かるわけではない。だからまず、学校でおなじみの例を考えるところから始めよう。

① **これまでの話に出てきた個体を指す場面**

　学校でまっさきに習う 'the' の用法は、これまでの話に出てきた名詞には 'the' をつける、というものだ。これは文法書では「文脈による特定」という名前がついていて、定冠詞のもっとも基本的な用法と紹介されていることが多い。例を挙げよう。

> Billy got a letter from the boss. He showed the letter to his mother.
> 　「ビリーは社長からの**手紙**を受け取りました。そして**その手紙**を母親に見せました」

　この例は簡単に見えるが、裏をのぞくとあんがい複雑

な過程が隠れている。

　まず話し手は 'the' という限定的な言葉で個体を取り出しているのだから、聞き手はそれに応じて個体を絞り込む作業をしなければならない。そのさいの《ヒント》だが、このようなケースが現れるのは、聞き手が何の予備知識もなく話し手の話を聞いているとか、あるいは文を読んでいるとかの場合がほとんどだ。だから**聞き手が《ヒント》にするものは、これまで聞いている話、あるいはいままで読んできた話の筋しかない**。

　次に個体を絞り込む《手続き》だが、ここで使われているのは「**もし別の個体だったら、これまでの話が一貫しなくなる**」あるいは「**話の筋がこわれて、意味が分からなくなってしまう**」という論法、論理学でいう背理法なのだ。

　もういちど先ほどの例を見てほしい。ビリーが母に見せた手紙が、社長から受け取ったもの以外のものだったらおかしなことが2つ出てくる。

(A) なぜまったくちがう手紙を母親に見せたのか、その理由が述べられていない。だから話がここで途切れ、一貫性が失われてしまう。

(B) もしまったく別の手紙なら、話の中に初めて出てくる個体だから、非限定的な表現 'a letter' あるいは 'another letter' となるはずだが、そうなっていない。

というわけで、このケースは《ヒント》が目前の会話や文の文脈で、絞り込みの《手続き》は背理法ということになる。

　だが、ここには注意点が２つほどある。

　まず第１に、**定冠詞によって個体を「絞り込む」という**のは、このように「頭の中で可能性を１つに絞る」ことであって、'this' や 'that' のようにその場で「この個体だ」と特定することではない。もちろんあとで述べるように例外もあるが、いつでもそうだというわけでない。

　第２に、先のケースで「背理法」という絞り込みの《**手続き**》が登場したが、これは定冠詞にとって本質的なものとなる。以降取り上げるケースについても確かめてほしい。定冠詞の絞り込みには、はっきりとした論理があるのだ。

② **これまでの生活や習慣から決まる個体を指す場面**

　とはいえ日常生活では、いま現在の話に登場していない名詞にいきなり 'the' がついて使われることがよくある。たとえば、

　　Go to the post office.
　　　「**郵便局**に行ってくれ」
　　The clock has stopped.
　　　「**時計**が止まっているよ」

などと言う場合だ。しかも聞き手は、当たり前のように特定の個体を絞り込んで会話が成立する。こんな場合、聞き手は何を《ヒント》にしているのだろう。

それは、話し手と聞き手がこれまでの生活で作り上げた習慣だ。生活を共有していれば、一言で「あれだな」と分かるものはいろいろある。皆さんの家庭でも、「銀行」と言えば家からいちばん近い取引銀行だろうし、「居間」と言えば自分の家の居間だろう。

そのような条件がそろっていれば、'the post office', 'the clock' は、

① 日常の生活習慣をヒントとした場合
② それ以外だと話のわけが分からなくなる

という背理法の《手続き》で個体を絞り込むことができるわけだ。

だから先に挙げた「銀行」は 'the bank'、「居間」は 'the living room'、「熱帯魚」は 'the tropical fish' になる。こんな場合の 'the' は、「例の」「いつもの」などの意味で使われているのだ。

ここからは余談になるが、文法書にはよく「世の中にたった1つしかないものには 'the' がつく」という規則が書いてあって、'the sun', 'the sky' などの例が載っている。だがこれはウソだ。

だいたい世の中にたった1つしかないものは、固有名詞で呼ばれるのがスジで、普通名詞で呼ぶこと自体不自然だ。それに、'sun' や 'sky' に不定冠詞 'a' がつく例は多い。「焼けつくような太陽」は 'a burning sun' だし、「青空」は 'a blue sky' だ。

　こんなことから考えると、'sky' や 'sun' は、むしろそのつどの「空模様」あるいは「お日さま模様」を一括した**普通名詞としたほうがよく分かる**。

　じっさいそう考えると 'the sun' や 'the sky' は②で取り上げた「いつものお日様」や「いつもの空」の意味になるし、いつもとちがう 'sun' や 'sky' には不定冠詞がついておかしくないからだ。

　それに感嘆文 'What a beautiful sun!' に定冠詞が使えない理由も分かる。もし 'the' をつけてしまうと「いつもの」の意味が出てしまい、「なんてきれいな『ふつうの』太陽」というヘンな文になってしまうのだ。

③ 名詞は初出でも、これまでの文脈から個体を絞り込める場面

　文や会話に初めて出てきた名詞に 'the' がついていることは多い。だから「'the' の用法は複雑だ」とよく言われるが、そんな場合でも何かしらの《ヒント》があり、聞き手はその《ヒント》と背理法の《手続き》を使って、個体を絞り込むのだ。

　次の例を見てほしい。

Billy saw a good job in an office so he wrote a letter to **the boss** of the office.

　この文のビリーはいい年になっても勤めをせず、母親と暮らしている青年だ。そんな彼があるとき急に就職したくなり、新聞の求人欄を見る。そこでよい会社仕事を見つけて、社長に手紙を書いた、という文脈だ。そしてこの文で 'the' のついている 'boss' という言葉は、ここで初めて登場した名詞だ。

　この文を読んできた人にとって、《ヒント》はこれまで読んだ文しかない。しかし背理法を使えば、'**the boss**' がすぐ前に出ている '**an office**' の社長であることはすぐ分かる。

　次の例も同じだ。

In an important game of golf Willie Fraser, one of the best players, had a bad day. First he hit **the ball** into **the trees**, . . .

　これは、あるコラムの書き出し部分だ。文章の冒頭だから、当然 'ball', 'trees' といった名詞はこれ以前に出ていない。だがこれまでの考え方を知れば、'**the ball**' は「フレイザーが最初に打った球」で '**the trees**' は「ゴルフ大会がおこなわれたゴルフ場の林」なのは明らかだろ

う。それ以外では、話の冒頭からわけの分からないことになってしまうからだ。

　私たちはともすれば、「初出の名詞は 'an X' で、次からは 'the X' になる」などという安易な規則を信じてしまいがちだ。

　しかしこれらの例を見れば、**定冠詞 'the' は「この名詞は前に出てきたという印」などでない**ことがよく分かる。'the X' という表現はあくまでそのつど、何らかの《ヒント》から、「それ以外ではおかしい」X 個体を絞り込むことを要求しているのだ。

'the' の本当の意味

　ここまで3つのケースを挙げて、定冠詞 'the' の取り出し方を調べてきた。そしてこの3つをつうじて、限定詞 'the' の取り出しの共通点が浮かび上がってきた。だからそれを、ここでまとめておこう。

　話し手が 'the X' という表現を使ったとしよう。その場合、**話し手は聞き手に、「ある特定の X 個体を絞り込め」と要求しているのだ**。そして聞き手もそれに応じて、個体を絞り込む作業をする。

　だが、定冠詞 'the' の意味を知りたい私たちにとって大切なのは、定冠詞が限定詞としてどんな取り出しをしているかだ。これまでの話からまとめると、聞き手は、

① これまでの話や習慣などをヒントとして
② 「それ以外ではおかしい」という X 個体を背理法によって絞り込む

という作業をするわけだ。

立場を変えると話し手は、'the X' という言い方をすることで、

① これまでの話や習慣などをヒントとして
② 「それ以外ではおかしい」という X 個体を背理法によって絞り込んでほしい

と要求しているのだ。

この2つをまとめると、限定詞 'the' のはたらきははっきりする。それは、

> **point**
> 文脈や習慣を考え、「それ以外だったらおかしい」個体を取り出す

ということだ。

逆に言えば、皆さんがその場で考えて「これっきゃない」と思うものがあったら、それを指す名詞には 'the' をつけてよい。こんなことを書くと世の文法学者から馬鹿にされることは請け合いだが、これまでのところ定冠

詞の意味はこれ以外ありえない。

文脈なしに使われる 'the'

いままで述べた例は、何らかの形で「これまでの文脈」「これまで共有した習慣」をヒントにしていたが、そのようなしがらみがないところでも 'the' は使われる。私は常磐線で通勤しているが、松戸駅に近づくと、

The next stop will be Matsudo. The doors on the left side will open.

というアナウンスが車中に流れる。「次の停車駅は松戸です。左側のドアが開きます」という意味だが、よく考えると、このアナウンスを聞くお客さんの中には、すぐ前の駅で、しかも初めてこの路線に乗った人もいるはずだ。そんな人たちは、'the next stop' とか 'the doors' などの言葉を聞いて、どの個体を指しているかが分かるのだろうか。

しかしこれは、これまで挙げた3つのケースの応用問題にすぎない。世の中には「次の停車駅」や「ドア」は無数にある。だが車内のアナウンスを聞いて、「それ以外だったらわけが分からなくなる」個体を探すとしたら、その範囲はおのずから限られる。つまり乗客は「自分の乗っている電車」を《ヒント》に考えればよいのだ。

そうすれば 'the next stop' は「自分が乗っている列車の」次の停車駅だし、'the doors' は「自分が乗っている列車の」ドア以外にはない。それ以外の駅やドアだったら、アナウンスの内容自体が何を言っているか分からなくなってしまうからだ。
　つまりこのようなケースの 'the' は、

① **自分がいま現在置かれた状況をヒントとして**
② **そこから「これ以外ではおかしい」個体を絞り込む**

ことを要求しているわけだ。したがって先生が教室に入ってくるなり、

　Close the window.
　　「**窓を閉めて**」

と言えば、生徒たちは「教室の窓で開いているものはどれだ」と考えて、となりのビルにある窓など考えることはない。これも同じ 'the' の用法だ。また自動車の修理工場に来た客が、

　Inspect the engine.
　　「**エンジンをよく調べてよ**」

と言ったら、修理工はその客の車のエンジンを調べるこ

とになる。このような 'the' の用法は、**聞き手が「いまこの場」というヒントを察知すれば、どの個体かがすぐ分かるケース**なのだ。

> **その他の定冠詞の用法**

これまで定冠詞の用法を話してきたが、これは 'the' の用法の半分にすぎない。というのは、定冠詞にはこれまで述べてきたような日常的な個体を特定する以外に、**抽象的で学術的な個体を特定する用法**があるからだ。

だがこれを説明するには、それなりの導入が必要だ。だから本書では、それは割愛させていただきたい。しかしその反面、日常的な話の中で使われる 'the' の用法はほとんど説明できたと思う。抽象的なものごとを述べる 'the' については、拙著『言葉と発想』の第7章を見ていただきたい。

---

*1 ただし複数形の場合には、'houses', 'lions' のように名詞の前に限定詞がつかないこともある。だがこれは限定詞がまったくないのではなく、文字に現れない「0限定」がついていると考えたほうがよい。
*2 ここでは個体を1つ取り出す話をしているが、取り出す個体

はもちろん複数でもよい。たとえば 'these dogs' とか 'those three dogs' のような場合がそうだ。しかし取り出す個体が複数になっても、それらの限定詞で取り出された個体が「これら以外はダメ」という性格をもっていることに変わりはない。

＊3　非限定的に取り出される個体は、1つでも複数でもよい。ただこの話は不定冠詞 'a' につながってゆくので、わざと個体を「1つ」取り出す場合を挙げてある。

＊4　この種の用法が発展したものが「代表単数」だ。'A dog is a faithful animal.' は「イヌは人間に忠実な動物だ」という一般的な事実を表す表現だが、これが「イヌ個体ならどれでも」の意味が発展したものであることは見て取れるだろう。

＊5　複数名詞の前につく 'some' は、やや込み入った説明が必要だ。これについては、伊藤笏康『言葉と発想』（放送大学教育振興会、2011）91-100 頁を見ていただきたい。

＊6　この点については、上掲書 96 頁以下を見ていただきたい。

＊7　定冠詞は不定冠詞とちがい、名詞の単数形にも複数形にもつくことができる。だから 'the' が普通名詞の単数形につくときは、個体を1個に絞り込める意味だ。これに対して 'the' が名詞の複数形についているときは、個体を特定の複数個に絞り込める意味だ。

賢い辞書の使い方②

　前回のコラムでは、英単語の意味を電子辞書で引くなと言ったが、これは電子辞書に入っている**英和辞典**の話だ。だが、電子辞書が役に立つことはある。それは**英英辞典**を利用する場合だ。

　たとえば 'theology' という語を英和辞書で調べてみよう。たいていの辞書には「神学」という訳語が載っているだけだ。これでたしかに訳語は分かるのだが、問題は「神学」という訳語の中身が分からないことだ。「神学」ってどんな学問なのだろう。辞書を引いた私たちは途方にくれるのだが、英和辞書にはそれ以上のことは書いてない。

　このようなケースはあんがい多い。『赤毛のアン』の原題は 'Anne of Green Gables' だが、この 'gable' が何かを英和辞典で引くと、「切妻」「破風(はふ)」などの訳語が書いてある。そしてここで私たちは困ってしまうのだ。「訳語は分かっても、その正体は分からない」という壁につき当たり、ここで探索をあきらめてしまう人も多いと思う。

　だがその壁を突破する方法はいくつかある。たとえば「神学」の場合だったら、**英英辞典**をあらためて引けばよい。私のもっている電子辞書の英英辞典、

Oxford Dictionary of English には 'theology' の項目に、

> the study of the nature of God and religious belief

とあって、「神の本性、および信仰が何かを研究すること」という意味がきちんと分かる。また**国語辞典**（広辞苑）を見れば、

> 宗教、特にキリスト教で、啓示に基づき教義や歴史や信仰生活の倫理などを組織的に研究する学問

とあるので、こちらからも神学という言葉の内容が分かるわけだ。だから当たり前ではあるけれど、電子辞書をおもちならば次のことを覚えておくとよい。

英和辞書で内容が分からなかったら、英英辞典か国語辞典を引くこと。もっと詳しく知りたければ、専門の辞書を見ること。

『赤毛のアン』の 'gable' も、英英辞典で引くとこう書いてある。

> the triangular upper part of a wall at the end of a ridged roof

　これは「山形屋根の家の端の壁で、屋根に接した三角形部分」だから、かなりはっきりしたイメージが得られる。英英辞典には図の充実したものもあるから、それらを見ればもっとはっきりと 'gable' の意味が分かるはずだ。
　もちろん、英和辞典で調べた「破風」を国語辞典で調べる手もある。たとえば私の電子辞書に入っている『精選版・日本国語大辞典』には、

> 屋根の切妻についている合掌形の板

とある。
　しかし、このような場合は注意が必要だ。というのは、西欧と日本とでは建築様式がちがうので、日本語にならない用語が多くあるからだ。じっさいこの 'gable' も、日本の建築様式の中には出てこない用語なのだ。
　動物や植物の名前でも、きっちり日本語に対応しないものは多い。そんなときは、ためらわずに百科事典を引く習慣をつけてほしい。

第 3 章

ロンドン橋は、いま「落ちている」のか?
――現在形・進行形の発想――

動詞の現在形は「〜します」で、進行形は「〜している」と教科書は教えてくれる。では、童謡の「ロンドン橋落ちる (London Bridge Is Falling Down)」は、いったいいつ「落ちている」のでしょうか? 本章では、定型訳語だけではすくいきれない、動詞にまつわるネイティブの発想を解説していきます。

動詞こそがもっとも大事な語

　第1章と第2章では、おもに英語の名詞にまつわる話をした。それを読んでいただいた方には、本書のねらいはお分かりいただけたと思う。

　'dog'＝「イヌ」式の安易な訳語主義のために、私たちは英語名詞の正しい姿を見ることができず、冠詞がなぜ必要かも分からなくなっていた。だからこんな訳語主義をいちど見なおして、ネイティブの基本的な考え方（発想）に逆転させて理解しなおさないと、冠詞の使い方も含めて、英語の名詞を正しく理解することはできない。

　標語的に言えば「**訳語から発想の理解へ**」という考えの**転換をすることで、英語の復習をしてみよう**というのが本書のねらいなのだ。

　さて、本書の後半となる第3章以降では、英語の動詞をあつかおう。皆さんは動詞を英語で 'verb' ということを知っていると思う。でも動詞がなぜ 'verb' と言われるかご存じだろうか。

　これはもともと動詞がラテン語で 'verbum verborum'、英語だと 'the word of words'、つまり「語の中でもっとも大切な語」と呼ばれたことに始まる。言い換えると、**文の構成や意味を決める中心は動詞にあると考えられていた**のだ。

> **動詞は王様、名詞は家来**

さっそく余談めいた話になるが、

Rod wrote her a letter.
「ロッドは彼女に手紙を書いた」

という文を見てほしい。動詞は 'wrote' の1つだが、名詞は 'Rod'、'her'、'a letter' と3つもある。これを**昔の文法学者は、1つの動詞が自分の周りに3つの名詞を従えていると考えた**。動詞が王様で名詞が3人の家来、そんなイメージで文をとらえていたのだ。だが同じ動詞でも、

Rod wrote a letter.
「ロッドは手紙を書いた」

という文もある。この文では、'wrote' という動詞は 'Rod' と 'a letter' という2つの名詞しか従えていない。つまり家来の数を2つに減らしたのだ。さらに、

He wrote.
「彼は手紙を書いた」

となると、動詞の周りに名詞は1つしかない。この最後まで残るいちばん忠実な家来を「動詞に服従する語

（subjectum）」と言い、それが主語（subject）になった。

　動詞は家来（名詞）の数を決めることができる。ということは、それによって文の構造を自由にあやつり、その意味も決めることができるわけだ。だから文の形や意味を最終的に決めるのは、動詞ということになる。

　それでは形容詞や副詞はどうなのだ、と訊きたい方もいるだろう。これはあんがいはっきりしていて、形容詞（adjective）はもともと「名詞に添える語」という意味だったし、副詞（adverb）は「動詞に付加される語」だった。つまり**形容詞は名詞の家来で、副詞は動詞の家来**という位置づけなのだ。

　図 3-1 を見ていただきたい。

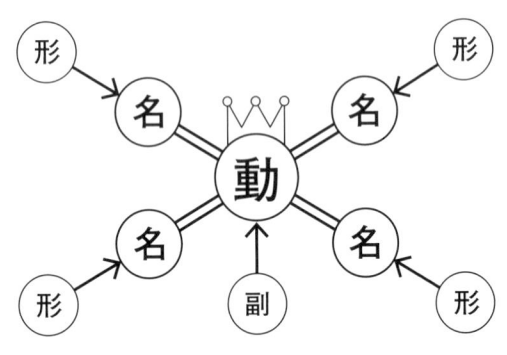

図3-1　品詞の主従関係

　動詞が複数の名詞を家来に従える図式に、形容詞と副詞を書き加えたものだ。すると、動詞と名詞にさらに家

来が付け加わることになる。その結果、動詞が名詞と副詞を従え、その名詞がさらに形容詞を従える身分の序列ができあがる。これが西洋の品詞用語のおおざっぱなイメージなのだ。

動詞をめぐる誤解

日本語人が英語動詞の意味を本当に分かろうとしたら、いままで学校で習ってきた中で何がいちばん問題になるのだろう。とくに「この訳語じゃ本当のことは分からない」というもので、とくに重要なものは何だろうか。

名詞にまつわる話題をあつかったときのことを考えてほしい。第1章であつかった人称代名詞 'he' の問題も、私たち日本語人とネイティブの発想のちがいがはっきり出る例だった。だがそれは、しいて言えば3人称の人称代名詞 'he', 'she', 'it', 'they' の範囲内に限られるものだった。よくない言い方かもしれないが、「**その気になれば直せる**」間違いは罪が軽い。じっさい私たちは、人称代名詞という特定の分野で一定の注意をすれば、この誤りはすぐに避けられる。

ところがそのあとで述べた、'dog' =「イヌ」という誤解はそうではなかった。訳語主義が生み出したこの誤解は、日本語人があらゆる英語名詞を理解する妨げとなっていた。そして何度も述べたように、この誤解があるために日本語人は英語の限定詞、とくに冠詞の本当の意

味が分からなくなっていたのだ。**このような誤りは、私たち日本語人に誤っているという意識がないだけに、よけい始末が悪い**。それを指摘して直したいというのが、本書のねらいなのだ。

では、私たちが英語の動詞について学校で習った中で、そのような無意識の大きな誤りがあっただろうか。あったと思う。それは「動詞の形の意味」だ。

動詞にはいろいろな形がある

動詞の形とは何だろうか。動詞はいろいろな場面でいろいろな形をとる。たとえば現在形だったら、3人称単数形には 's' がつく。また 'break' - 'broke' - 'broken' のように、過去形や過去分詞形になると形が変わる。

だがここで問題にしたいのは、そんな変化ではない。もっと一般的な、どんな動詞にもありうる「単純形」「進行形」「完了形」という形の変化だ。たとえば 'play' という動詞で言うと、

I play tennis.（現在・**単純形**）
I am playing tennis.（現在・**進行形**）
I have played tennis.（現在・**完了形**）

という3つの形が考えられる。そしてこの3つの形は、現在だけでなく過去にも未来にもあるから、たとえば単

純形だったら、

 I played tennis.（過去）
 I will play tennis.（未来）

となるし、進行形だったら、

 I was playing tennis.（過去）
 I will be playing tennis.（未来）

となるし、完了形ならば、

 I had played tennis.（過去）
 I will have played tennis.（未来）

となって、**計3×3＝9通りの形を生み出す。**
 このうち、過去・現在・未来の区別については、皆さんも問題を感じないだろう。述べている事柄が過去のことか、現在のことか、未来のことか、というちがいにすぎないからだ。だがその一方、同じ過去の事柄を述べていても、

 I played tennis.（単純系）
 I was playing tennis.（進行形）
 I had played tennis.（完了系）

は、どうちがうのか分かるだろうか。**同じ過去の事柄を3通りに言い分けるとしたら、ネイティブはそこにどんなちがいを見ているのだろう**。本書の後半では、それを問題にしたい。

> **その訳語はインチキだ**

これから調べてゆくと分かるように、動詞の形はそれぞれの意味をもっている。しかし現在、過去、未来の9通りの形の意味を調べてゆくと、とても紙数が足りなくなってしまう。だからここでは、現在の出来事に限って、それらのちがいを明らかにしようと思う。つまり、

(A) I play tennis.
(B) I am playing tennis.
(C) I have played tennis.

は、それぞれどんな意味のことがらを言い表しているのか、それを見てゆきたい。

だがここには、**これまでにも指摘した悪しき訳語主義が入り込んでいる**。それは皆さんにもおなじみのものだ。私もそうだったが、学校ではこれらを、

(A) 私はテニスをします

(B) 私はテニスをしています
(C) 私はテニスをしてしまった

と教わるだろう。そして私たちは、この訳語を頼りに英文の意味を理解してきた。**だが誓って言うが、これらの訳はまったくインチキだ。**それどころか、こんな訳語で英文を理解しようとするから、英語が分からなくなるのだ。

やはりここでも逆転が必要になる。本当のところはどうなのか。それをネイティブの頭の中を知ることで解明してゆこう。つまり本書後半のテーマは、動詞の「単純形」「進行形」「完了形」の発想を探ってゆくことだ。

「テニスをします」は正しい和訳か？

その調査を始める前に、先の訳語がおかしいことを確認しておこう。

まず単純形の「テニスをします」だ。このような日本語はあまり聞いたことがない。じっさい「私はテニスをします」という日本語（らしき）文を何度も読んでみてほしい。どんな意味の文か、はっきり分かるだろうか。あるいはこんな文を、どこかでじっさいに使ったことがあるだろうか。

おそらく「テニスができます」や「テニスをしています」なら何度も使ったことがあるだろうが、「テニスを

します」という言葉を使った記憶のある人はいないだろう。もちろん友達がテニスを誘いに来て、「テニスしない？」「するよ」といった会話ならよくある。だがこれは英語なら、

 Will you play tennis with me?
  Yes, I will.

という未来形の文で、現在形ではない。つまり**単純現在形の訳語とされている「テニスをします」は日本語のように見えて、じつは意味不明な言葉なのだ**。だからこのような訳語をつけているあいだは、もとの英文の本当の意味も分かるわけがない。

　完了形はどうだろうか。「してしまった」は、日本語としてわけの分からないものではない。そしてこの訳語を考えた先人は、行動がすでに終わっていることを言い表そうとしたのだろう。たしかに「してしまった」は、行動がすでに終わった意味をもっているから、その点で問題はない。

　しかし**この言葉にはしばしば、「まずいことをした」意味が入り込む**。じっさい、医者に運動を止められている人が「ついテニスをしてしまった」とか、一刻をおしむ受験生が勉強をせずに「今日はテニスをしてしまった」などと言うケースが考えられる。しかし**英語の現在完了には、そんな罪悪感の含みはまったくない**。だから「して

しまった」は日本語としてありうる表現だが、誤訳におちいりやすい要素をもっているのだ。

状態動詞と動作動詞

さて、これから動詞のそれぞれの形の意味を調べてゆくのだが、その作業を進めてゆく上で、きわめて大切なことがある。それは、**英語の動詞に「状態動詞」と「動作動詞」と呼ばれる2つのタイプがあることだ**。

その区別がなぜ大切かというと、英語の動詞はどちらのタイプに属するかによって、単純形・進行形・完了形の意味がちがってくるからだ。だから、まずはこの2タイプの動詞を区別して調べないといけない。

では、それらのタイプの動詞をどうやって分けるのか。まずその区別の仕方を述べておこう[*1]。**英語の動詞には、目の前のことがらを述べるのに単純形を使う動詞と、進行形を使う動詞がある**。たとえば、

Susan has a large house.
「スーザンは大きな家を持っている」
I believe in him.
「私はあの方を信じています」

では、いま現在のことがらを述べるのに単純形が使われている。ここに出てきた 'have', 'believe' のような動詞を

第3章 ロンドン橋は、いま「落ちている」のか?

状態動詞と言う。それに対して、

> Children are swimming in the pool.
> 「子どもたちはプールで泳いでいる」
> Soldiers are sleeping.
> 「兵隊たちは眠っている」

では、目前のことがらが進行形で述べられている。この 'swim', 'sleep' のような動詞を動作動詞と言う。

　この両者の数をくらべると、動作動詞が圧倒的に多い。そして状態動詞はその意味もある程度決まっている。だから大まかな意味を目安にして、状態動詞を押さえておけば、「あとは動作動詞」という区別をすることができる。だから以下に、おもな状態動詞とその意味をまとめておこう[*2]。

　(A) 心の状態を述べる動詞
　①好き・嫌い、尊敬・軽蔑：
like, dislike, love, hate, admire, adore, despise, detest など
　②知覚にまつわるもの：
see, hear, believe, know, realize, understand, remember, forget など
　③感情や欲求：
please, interest, envy, surprise, desire, want など

(B) 物の状態を述べる動詞
　①存在：be, exist
　②見かけの状態：appear, look like, seem など
　③所有：have, belong to, own, possess, lack など
　④その他：contain, include（含む）、deserve（〜の価値がある）、matter（問題だ）、mean（〜という意味だ）、reach（〜に達している）など

> **はたらきを補い合う関係**

　先ほどから「状態動詞」と「動作動詞」の区別を強調しているが、それがなぜ大切かの本当のところは、これからの話の中で分かってくると思う。だが大まかにでもそのちがいを知るには、次の表を見てもらいたい。

	進行形	完了形		
		完了・結果	経験	継続
状態動詞	×	×	○	○
動作動詞	○	○	○	×

　この表の中で、「○」はその用法があることを示し、「×」は原則としてその用法がないことを表している。この表には単純形が書いてないが、その部分はあとで説明しよう。

第3章　ロンドン橋は、いま「落ちている」のか？

むしろ皆さんに見てもらいたいのは、**状態動詞と動作動詞がずいぶんちがった用法をもっている**ことだ。そしてよく見ると、一方が○でもう一方が×という欄が多い。言い換えると、まるでお互いにはたらきを補い合うような関係になっているのだ。

　この段階でこれ以上ふみこむことはできないが、状態動詞と動作動詞のちがいが、動詞の形がもつ意味と密接に関連していることは感じ取っていただきたい。

進行形は「している」でよいのか？

　さて準備がととのったところで、動詞の形の意味を調べてゆくことにしよう。

　訳語の意味という点で考えると、単純形の「する」、進行形の「している」、完了形の「してしまった」の中では、進行形の「している」がいちばんまともだ。そしてじっさいの文でも、そう訳して分かる例が多い。たとえば、

　He is singing in the rain.
　　「彼は雨の中で**歌っている**」
　She is cleaning the room.
　　「彼女は部屋を**掃除している**」

などはぴったり合った訳語になっている。

しかしネイティブが進行形を使うときと、日本語人が「している」を使うときはまったく同じなのだろうか。言い換えれば、**進行形は「している」に完全に置き換えられるのだろうか**。そのように考えたとき、明らかに困ったことが２つある。

その１つは、進行形以外にも「している」という訳語が合う場合があることだ。たとえば単純形でも、

>　I suspect her.
>　　「私はあの女が**怪しいと思っている**」
>　He doesn't realize the danger.
>　　「彼はその危険を**理解していない**」
>　Tom works at an aircraft factory.
>　　「トムは飛行機工場に**勤めている**」

などは「している」と訳さないと意味がよく分からない。あるいは完了形でも、

>　The palace has been opened to the general public.
>　　「その宮殿は一般に**公開されている**」
>　I have known him since childhood.
>　　「子どものときから彼を**知っている**」

のような例もある。つまり「している」は進行形の専売特許ではないのだ。

> **ロンドン橋の謎**

　もう1つはもっと深刻で、「している」と訳せない進行形があるということだ。たとえば皆さんもよく知っている、

London Bridge is falling down.
　「ロンドン橋落ちる♪」

がこの例だ。

　皆さんも、この歌がどんな状況を歌っているのかを考えてほしい。だいたい橋の崩落はあっという間に起こることが多いから、ロンドン橋が「落ちている最中だ」というとぼけた意味はありえない。

　では、跡形もなくなった橋を見て、人びとが「ロンドン橋が落ちているぞ」と言っているのだろうか。しかし橋が落ちたあとなら、

London Bridge has fallen down.

となるはずだから、これもおかしい。正解を言うと、この歌の意味は「ロンドン橋が**落ちそうだ**」ということなのだ。

　この 'fall' のように、**一瞬で終わってしまう運動や行動を指す動詞を「瞬間動詞」と呼ぶ**。そして大事なことに、

> **point!** 瞬間動詞の進行形に「している」の意味はなく、「しそうだ」「しかけている」という意味になる

のだ。したがってさらに例を挙げるならば、

The man is dying of famine.
　「男性が**餓死しそうだ**」
The flowers are opening out.
　「花が**開きかけている**」

となるわけだ。

進行形の何が問題か？

　進行形が必ずしも「している」と重ならないとお分かりいただけただろうか。じつはここから2つの大きな問題が見えてくる。

　第1に、「している」が単純形や完了形にも使えることがある以上、**日本語の「している」は英語の進行形とはまったく別の発想を表していることだ**。それはいったいどのようなものか。

　第2に、日本語人にとって、「している」と「しそうだ」はまったくちがう意味をもっているにもかかわらず、英

語ではこの2つが進行形という1つの枠の中で同列にあつかわれてしまうことだ。そのようなことが可能となる英語の進行形とは、いったいどんな発想にもとづいているのか。

かくして私たちは、英語の進行形と日本語の「している」について、それぞれの発想がどうちがうかを調べなければいけないことになった。

グラフを描けば動詞が分かる

英語の進行形と日本語の「している」の発想をくらべるにはどうしたらよいだろう。

こんなとき訳語主義が役に立たないことは明らかだろう。訳語主義にできるのは、ふつうの動詞は「している」と訳し、瞬間動詞は「しそうだ」と訳せ、という規則をおしつけることだけだ。しかしここではまさに、「**なぜそう訳さないといけないか**」が問題なのだ。

しかも英語と日本語の2つの発想を比較するのだから、英語の視点から日本語を見るだけではいけないし、日本語の視点から英語を見るだけでもいけない。**英語と日本語の中に立って、両者を比較できるような立ち位置がほしいのだ。**そんな便利な立場があるだろうか。

そのような方法は、あんがい簡単に手に入る。動作や行動のようすを描いたグラフを使えばよいのだ。

しかもそれは、高校で習うようなむずかしいグラフで

ある必要はない。英語と日本語の発想をくらべるだけなら、中学校1年で習う、右肩上がりの一次関数でたくさんだ。

　これからご覧いただく**作業グラフは、英語からも日本語からもはなれて、動詞の表す行動のありさまを描き出すことができる**。だからそれをもとにして、「英語ではこのような点に注目する」「日本語はこのような点を見る」というふうにくらべてゆけば、互いの発想のちがいを見つけることができるだろう。

> **進行形の作業グラフ**

　そこでまず、ふつう「している」と訳される進行形について調べてみよう。例として、

　Tom is eating lunch.
　　「トムは昼食をとっている」

を考えてみる。図 3-2 を見ていただきたい。

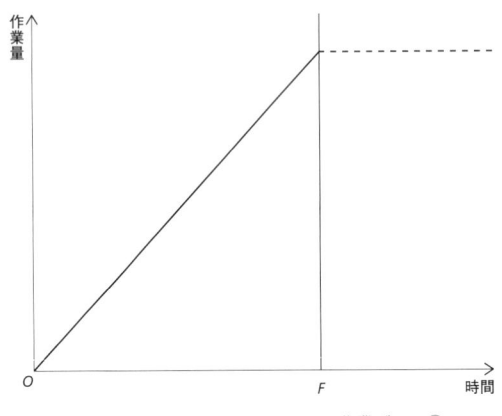

図3-2 'Tom is eating lunch.' の作業グラフ①

　このグラフはきわめて直感的なもので、**横軸に時間の経過を、縦軸に作業の量をとってある**。トムの昼食グラフを見ると、Oから始まる右肩上がりの実線になっている。これはトムがO時点から昼食を食べ始め、時間の経過とともに食べる作業の量（合計）が増えていったことを示している。そしてF時点で昼食をとる行動が完成し、それ以後食べる作業はおこなわれなくなる。それがF以降の点線で示してある。

　この点線部分には2つの意味がある。1つはいま述べたように、食べる作業がおこなわれなくなったことだ。いま1つは昼食行動が完成すると、その結果、一定の状態（満腹や眠気など）が生まれ、それがある期間続くことだ。それを示すために、作業が終わったF以降も点線の形でグラフを延長してある。

進行形のネイティブ発想

 この作業グラフを使って、進行形の発想を考えてゆこう。このときに大切なのは時間軸だ。図3-2で、'is eating' という進行形を使える**時間帯**はどこか、それを考えてもらいたい。

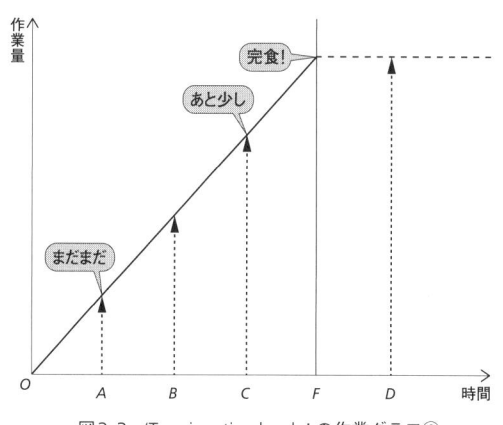

図3-3 'Tom is eating lunch.' の作業グラフ②

 図3-3は、図3-2の時間軸の上に $A, B, C, \cdots$ の点をとったものだ。そこから真上に伸びる矢印は、その時点での作業の進み具合をグラフから読み取るためのものだ。たとえば A 時点では、ごちそうもずいぶん残っている段階だろう。しかし C 時点になると、食事も終盤戦ということが分かる。

 さていくつか時間軸上にとった時点のうち、'is eating'

第3章 ロンドン橋は、いま「落ちている」のか？　133

という進行形を使えるのはどの期間だろう。

　この答ははっきり分かるだろう。O から F のあいだならば 'is eating' という進行形は使える。なぜかというと、昼食をどれだけ平らげたかは別として、それらの時点ではトムは昼食を食べるという**作業の途上**だからだ。だが D 時点になるとそうはいかない。この時点でトムが何をしているかは分からないからだ。

　くり返すが、進行形が使える時間帯は O から F までのあいだだ。言い換えると、**行動が始まってから完成するまでのあいだ、これが進行形の登場場面**なのだ。

　これまでのグラフの考察から、進行形の発想が見えてくる。進行形の登場場面は O から F のあいだで、しかも進行形は、**そのつどの時点で目の前の食事の進み具合を報告していた**。これをまとめると、進行形とは、

① **1つの動作や行動が**
② **すでに始まっているが**
③ **まだ完成していない段階で**
④ **そのつどの状況を報告する**

ための語法なのだ。これが、英語の進行形の発想だと考えてよいだろう。

> ### 「ロンドン橋落ちる」はなぜ進行形になるのか？

　このように考えると、ロンドン橋が落ちそうだというときに、ネイティブがなぜ進行形を使うかが分かってくるだろう。

　そこで、ロンドン橋が落ちるまでのグラフを描いてみよう。もちろんロンドン橋が自分で落ちる作業をするわけはないので、ロンドン橋がもともとの高さからだんだん低くなって、ついに崩落したというグラフにする。それが図3-4だ。

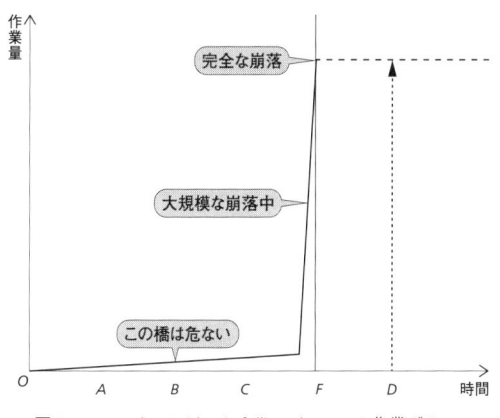

図3-4 'London Bridge is falling down.' の作業グラフ

　このグラフがトムの昼食グラフとちがっているのは、グラフの実線部分が直線的な右肩上がりになっていないことだ。じっさい橋が落ちるときは、わずかな予兆がい

ろいろ起きる時期があり、「危ないな」と思わせるような末期的な現象が続いたのち、最終的に大規模で瞬間的な崩落が起こる。つまり橋の高さで言うと、崩落する瞬間までわずかずつの予兆しかないのに、最後の一瞬で大きな変化があるのだ。図3-4は、それをぴょんと跳び上がる（つまり橋の高さが急激に下がる）形で表現している。

　さてここで、このグラフに書き入れた A から D 時点での、ロンドン橋のようすを考えてほしい。これらはまさにトムの昼食グラフと同じく、

　　① ロンドン橋が落ちるという1つの出来事について
　　② そのプロセスはすでに始まっているが
　　③ 完全な崩落には至っていない
　　④ その中間過程で、そのつどの状況を報告する

ものになっている。だからネイティブは、これを進行形で表現したのだ。

「している」と「しそうだ」

　トムが昼食をとる場合でも、ロンドン橋が落ちる場合でも、**ネイティブは「ある出来事が完成するプロセス途上」と見れば進行形を使った**。これが進行形の発想であり、ネイティブの理屈だ。

　するとその一方、日本語の「している」はどんな考え

にもとづいているのだろう。

　一言で言えば、「している」は作業グラフがこのままの形で、ある程度続くだろうというときに使われる言葉だ。つまり実線であろうと点線であろうと、グラフの形がさしあたりそのまま続くだろうというときに使われる。

　たとえば「トムは昼食をとっている」という日本語は、グラフの実線部分がこのまま、右肩上がりに続くと期待されるときに使われる。これに対して「ロンドン橋が落ちている」は、落ちたあとの点線状態がこのまま続くだろうという表現だ。以前挙げた進行形以外の「トムは飛行機工場に勤めている」も「その宮殿は一般に公開されている」もそうだ。「している」はやはりこの行動や状態が、ある程度安定的に継続する予想を述べている。つまり日本語の「している」は「行動や状態がさしあたりこのまま続く」ときに使われる言葉なのだ。

　だが「しそうだ」「しかけている」という日本語は、これと対照的だ。

　「ロンドン橋が落ちそうだ」というのは、グラフがぴょんと立ち上がりそうな予感を述べている。「花が開きかけている」も「男性が餓死しそうだ」も同じで、現在の状況とはまったくちがった状況が急におとずれるという予想を述べている。つまりグラフの形がこの先わずかで、ぴょんと立ち上がる予感を述べるのが「しかけている」「しそうだ」という言葉の発想なのだ。

日本語はグラフの形を見て表現する

　こうして調べてみると、英語の進行形と日本語の「している」「しそうだ」の発想のちがいは明らかだ。
　一言で言えば、**英語の進行形はグラフの形を無視した表現なのだ**。グラフがおだやかな右肩上がりか、ぴょんと跳び上がる「カギ型」かは無視して、とにかくその出来事が始まった O と、それが完成した F のあいだのそれぞれの時点で、そのつどのようすを報告するだけなのだ。
　だが日本語の「している」と「しそうだ」はそうではない。**これらはグラフの形の読み方を示した言葉なのだ**。状況を読んで、「これからどうなるか」を伝えている。したがって作業グラフの形がちがうと、「している」と「しそうだ」の登場場面はおのずと分かれてくる。
　このように英語の進行形としては同じ表現であっても、日本語人はグラフの形によって言い方を変えるため、その訳語がちがってくるのだ。

進行形の訳し方

　作業グラフを使うことで、英語の進行形の発想が見えてきたことと思う。そしてその発想の要点は、すでにまとめておいた。だから最後に、英語の進行形を日本語に訳すときの実用的なマニュアルを挙げておこう。

① 進行形の動詞は、いったん「〜している」と仮の訳語をつける（たとえば「食べている」「落ちている」など）
② 次に、その「している」が「出来事がすでに**終わっている**」という意味になっているかを考える（たとえば「食べている」だったらまだ食べ終えていない意味だが、「落ちている」だったらすでに落ちたあとの意味になる）
③ それに応じて、「出来事がまだ終わっていない」という意味なら、そのまま「している」の訳語を使う。出来事が終わってしまった意味になったら、「しそうだ」「しかけている」と訳語を変える。

これが進行形を訳すときのマニュアルだ[*3]。

状態動詞の作業グラフ

これまで進行形の意味を調べてきたが、次に単純形の意味を調べよう。

しかしその前に、1つ予備作業をしておかないといけない。というのは、**進行形を調べるときに使った作業グラフは、動作動詞のものだったからだ**。そして理由はあとで述べるが、**進行形は原則として動作動詞にしかない**。つまりいままでは、動作動詞の作業グラフだけあつかって

いればよかったのだが、単純形は動作動詞にも状態動詞にもある。だから、ここで状態動詞の作業グラフも作っておかないといけないわけだ。

状態動詞のおおよその意味とリストはすでに挙げたので、その中から 'love' という動詞を取り上げて、'Jack loves Mary.' の作業グラフを描いてみよう。図 3-5 を見てほしい。これは Jack という男性が Mary という女性を好きになったようすを描いたものだ。

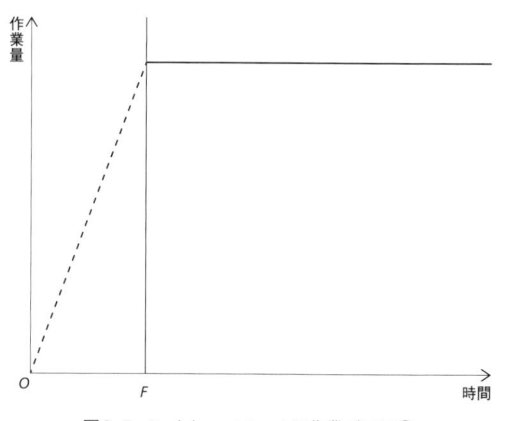

図3-5 'Jack loves Mary.' の作業グラフ①

前と同じく、横軸は時間の経過を表している。ジャックがメアリーを好きになるには、どこかの時点できっかけがあったはずだ。学校の文化祭でいっしょに仕事をしたとか、鉄道写真の話で意気投合したとか、電車で席をゆずったとか、とにかく何らかのきっかけがあったこと

は間違いない。それが O 時点だ。

　そこからある時間をかけて、ジャックがメアリーへの愛をはぐくむ過程があったはずだ。それは時間で言えば O から F までで、ジャックはそこでいろいろな行動をしているだろう。見てくれのよいアクセサリーを贈る、食事をする、レンタカーでドライブするなど、これらの行動が積み重なってゆくようすが右肩上がりの**点線**で示してある。その努力の量が縦軸に示されている。

　こうしてその期間をすぎ、ジャックの中にはメアリーに対する一定の態勢が生まれ、それ以降それが続いてゆく。それが F 以降の**実線**で示してある。これが 'love' という状態動詞のグラフだ。

「態勢」の有無

　ここには、2つの注意点がある。

　第1に、「態勢」というのは、**必ずしも心理的な状態ではない**。いくらメアリーを愛しているといっても、仕事に打ち込んでいるときや眠っているとき、彼の頭の中にメアリーは浮かんでいない。態勢が持続するというのは、四六時中メアリーのことを考えている意味ではない。

　またそれは、ジャックが年から年中メアリーへの愛が分かる**行動**をとることでもない。会社で仕事をしているときにずっとそんな行動をとっていたら、彼はおそらくクビになるし、泥酔しているときは何の行動もとれない

だろう。

　つまり、ジャックがメアリーを愛しているといっても、彼の心理状態や行動が続いているわけではない。だが彼は、彼女のふるまいを見て幸せを感じたり、顔色が悪ければやさしい言葉をかけたりするだろう。ということは彼の中に、そのときどきにどんな行動をとり、どんな心理状態になるかという一定の「準備体制」ができあがっているわけだ。だから**態勢が続いているというのは、その「準備体制」がつねにできているという意味なのだ**。

　第2に、図3-5では右肩上がりの部分が点線になっているが、これは、'love' という動詞がこの部分について**直接的な情報を与えないことを示している**。愛という態勢をはぐくむ過程があったことはたしかだが、そこで具体的にどんな行動がとられたかはブラックボックスになっているのだ。

　それに対して、F 以降できあがった態勢は実線になっている。これは 'love' という動詞が、継続している一定の態勢について、それがどんなものかという情報を与えるものだからだ。このように、**動作動詞のグラフと状態動詞のグラフは、点線部分と実線部分が逆になっている**。

　皆さんはさしあたり、この2点に注意しておいていただきたい。

> **単純形の 'love' が使える条件**

　さて、進行形のときと同じように、'Jack loves Mary.' という文が成り立つ時間帯を調べよう。図3-6を見てほしい。進行形のときとは逆で、AやBの右肩上がりの点線部分でこの表現は使えない。なぜならこの部分は愛をはぐくんでいる途上で、まだその態勢ができあがっているとは言えないからだ。

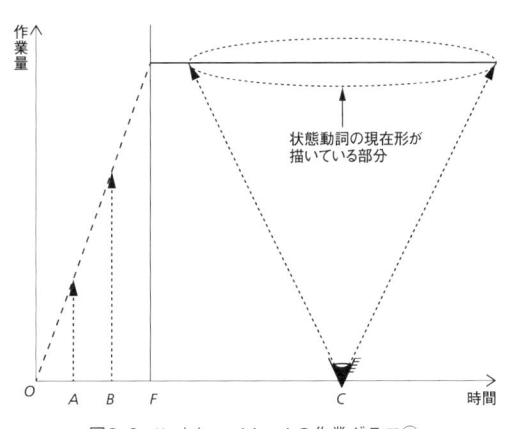

図3-6　'Jack loves Mary.' の作業グラフ②

　この表現が使えるようになるにはF以降の実線部分でも、Cくらいまでやや時を待たないといけない。なぜFの時点ですぐに 'Jack loves Mary.' が使えないかというと、この態勢が安定して続く保証がないからだ。

　つまり現在形は、それが今後ある程度長く続く保証がな

第3章　ロンドン橋は、いま「落ちている」のか？

いと使えないのだ。結婚式で「新郎は新婦を心から愛しています」という祝辞を聞いて１週間もたたないうちに、正式な離婚が成立していることもある。「愛している」という言葉は、安定した持続が保証されないと使えないのだ。

　同じようにジャックとメアリーの仲がこのところ険悪で、いつ別れ話が出てもおかしくないような状況だと現在形は使えない。つまりこの表現は、

①「愛している」態勢が確立し
② それがこれまで一定期間持続していて
③ これからも安定して持続すると判断できる

という時点でないと使えないのだ。

　言い換えると、この文を使う話し手は**目の前の状況だけでなく、過去や未来の出来事も視野に入れた「長期的視点」**に立っているわけだ。図3-6の C 点から始まる矢印が、左右に開いているのはこのためだ。この文を使うためには、現在時点だけでなく過去にも未来にも一定の時間幅をもった視線がないといけない[*4]。

状態動詞は単純形と相性がよい

　単純形の本質は、過去から未来にわたる「長い視点」でものごとを見ていることだ。そして**状態動詞は、この

「長い視点」ときわめて相性がよい。

　じっさい、以前に挙げた状態動詞のリストを見て、その意味を考えてほしい。'admire'（尊敬している）、'have'（持っている）、'see'（見えている）など、短時間でころころ変わっては困る状態を表すものばかりだ。

　だから状態動詞は、単純形のような長い視点で使われて初めて、自分のもっている意味を十分に表現できる。たとえて言えば単純形は、状態動詞という社員の力をうまく引き出すことのできる上司なのだ。

　これまでの記述から分かるように、状態動詞の単純形が使えるのは、

> ① **ある態勢がすでに確立して**
> ② **これまでに一定の実績があり**
> ③ **この先もその態勢が続くと思われる**

場合だ。「すでに成立した態勢がこのまま続く」とは「グラフの形がこのまま続く」ことだから、これには日本語の「している」がぴったりの訳語になる。

> I despise them.
> 　「私はあの人たちを**軽蔑しています**」
> I know the truth about that.
> 　「私はその真実を**知っている**」
> You lack common sense.

「君は常識が欠けている」
Water contains hydrogen.
「水は水素を含んでいる」

ご覧のように、**状態動詞の単純形は「している」という訳語がよく合うのだ。**

状態動詞は進行形にならないのか？

こうして作業グラフで考えてみると、**状態動詞がふつう進行形にならない理由は明らかだろう。**その理由は2つある。

その1つは、進行形はグラフの右肩上がりの部分の情報を与えるものだが、状態動詞にはその部分の情報が欠けているからだ。態勢が作られる前のさまざまな行動を述べろと言われても、状態動詞にはその力がない。

もう1つは、視点の広さのちがいだ。進行形は原則として目の前のことがらの情報を伝える。だが状態動詞は、もっと時間の幅を広くとり、その時間幅の中で判断できる情報を伝える。だからもともと、状態動詞と進行形は相性がよくないのだ。

しかし、いつでも無理を通そうとする人はいる。状態動詞を進行形で使う例もあることにはあるのだ。だがそれはこの本の本筋からはずれるので、ざっと述べるだけにしておこう。

その1つは、**状態動詞がもともともっている「長期安定性」**を、進行形によって**不安定にしよう**というものだ。ふつうだったら長く続くはずのものが「いまだけ」の不安定なものになってしまう。たとえば、

> There's no one there — you must be seeing things.
> 「あそこには誰もいませんよ。あなたはきっと**幻覚を見ているんですよ**」

は、ふつうなら安定しているはずの世界の見え姿が、いつ変わってもおかしくないと言っている。
　いま1つは、状態動詞が述べている**確立した態勢**を、**進行形にすることで「まだ確立していない」**未完成状態にしてしまう場合だ。

> Now I am thinking he is innocent.
> 「あいつが無罪だと思えてきた」

　状態動詞を進行形にする変則的な語法は、だいたいこの2つにおさまると思う[*5]。

動作動詞を単純形にすると

　ここまで、状態動詞は単純形によくなじむという話をしてきた。それでは、**動作動詞が単純形で使われるとどん**

な意味になるのだろう。じつはこれはあんがいむずかしい問題だ。たとえば、じっさい私は大学1年生の授業で、

(A) She plays tennis.
(B) She is playing tennis.

という文を書いて、この2つを訳し分けなさいと質問する。すると学生たちは当然、学校で習った訳語で答えてくる。(A)は「彼女はテニスをします」、(B)は「彼女はテニスをしています」というわけだ。

そこでさらに「『テニスをしています』の意味は分かるけど、『テニスをします』ってどういう意味？」と尋ねると、たいていの学生は困ってしまう。前にも言ったように、「テニスをします」は日本語として意味の分からない文だから当然だ。

だがもう一歩つっこんで「それじゃ『彼女はテニスをします』って言うとき、彼女は目の前でテニスをしているの？ いないの？」と訊くと、たいていの学生はいまテニスをしていると答える。しかしこれは、ふつう間違いだ。

というのは、ふつうの場合なら、

(A) 彼女はテニスプレーヤーだ
(B) 彼女はいまテニスをしている

という意味で、動作動詞の単純形はいま現在の行動ではなく、職業を述べるからだ。ところがまことに面倒なことに、**動作動詞の単純形には、目の前の行動を述べる用法もある**。つまり動作動詞の単純形には、

・目の前の行動を述べる意味
・目の前の行動を述べない意味

というまったく正反対の意味が同居しているのだ。
　だからそれらを分けて話をしなければならないのだが、これまでの話の文脈を考えて、まず「目の前の行動を述べない」意味から始めよう。「目の前の行動を述べる」意味は、第4章であつかうことにしよう。

「くり返し行動」の単純形

　動作動詞とは、おもに運動や行動を述べるものだ。そして気づくままに例をひろっても 'write'（書く）、'speak'（話す）、'walk'（歩く）など、**1つひとつの運動や行動は比較的短時間で完成するものがほとんどだ**。
　だから目の前の出来事に注目する、「短い視野」の進行形とは相性がよい。ところが単純形は、「長い視野」で見るのが本来だから、動作動詞とはもともと相性がよくないはずだ。しかし**英語は、2つの工夫で動作動詞も単純形に取り込んでしまった**。そのようすを調べてみよう。

第1の工夫は、1回の行動に注目するのでなく、**同じ行動のくり返しに注目する**というものだ。

　たとえば 'She **often** plays tennis.'（彼女はよくテニスをする）という文を見てほしい。この文には 'often'（しばしば）という、行動の回数を表す言葉が入っている。この言葉は、頻度の副詞と呼ばれていて、'always'（いつも）、'generally'（ふつうは）、'sometimes'（ときには、ときおり）、'occasionally'（たまに）などもこの仲間だ。そしてこの**頻度の副詞をともなった動作動詞は、単純形で使うことができる**。たとえば、

　　He **generally comes** home at noon.
　　　「彼はふつう正午に帰宅する」
　　He **smokes** only **occasionally**.
　　　「彼はほんのたまにしかタバコを吸わない」
　　They **sometimes eat** out.
　　　「彼らは時おり外食する」

などだ。
　また「〜のときはいつも」を表すような語句があるときも、行動のくり返しが述べられているので、単純形を使ってよい。

　　The boy **visits** the museum **every day**.
　　　「その少年は毎日美術館にゆく」

I go to church on Sunday.
「日曜日には礼拝に行きます」
He spends every summer at the sea.
「彼はいつも夏は海辺ですごす」

　この訳文を見れば分かるように、**くり返し行動を述べている単純形は、学校で習ったとおり「〜する」「〜します」と訳せばよい**。ただあとでも述べるように、「する」「します」という訳語が通用する場面は限られているので、この訳語を単純形の訳語として乱用することはつつしんだほうが無難だ。

「くり返し行動」の作業グラフ

　くり返し行動は、なぜ単純形で述べられるのだろう。そしてそこには、どんな含みがともなうのだろう。

　やはりグラフを描いて調べてみよう。図 3-7 は、'She often plays tennis.' をグラフにしたものだ。右肩上がりの実線が何本も描いてあるが、その 1 本いっぽんが、彼女がテニスを始めてから終わるまでを表している。そして現在時点 P から左右に点線の矢印が描かれているが、これは図 3-6 と同じく、話し手が現在をまたいだ「長い視野」で見ていることを示している。

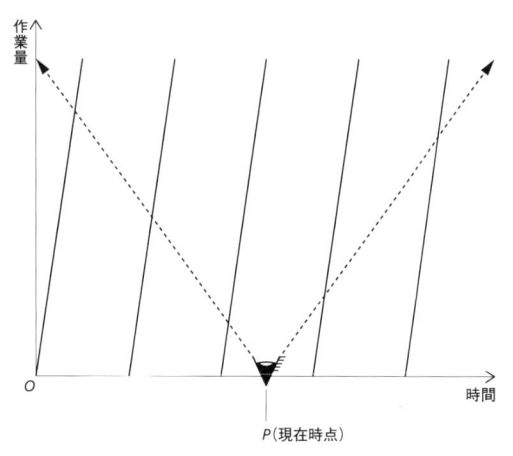

図3-7 'She often plays tennis.' の作業グラフ

　このグラフで大切なことは2つある。
　その1つは、状態動詞のときと同じように、視点が長くとられていることだ。しかしこれは当たり前で、目の前1回だけのプレーを見て、「いつも」「何度も」などと頻度を言えるわけがないからだ。
　だから単純形を使った 'often plays' という表現には、このくり返し行動が、

　① ごく最近始まったものでもなく
　② こののちすぐ終わるものでもない

つまり「**くり返し自体が安定している**」という含みがあるのだ。

もう1つ大切な点は、行動自体はとびとびだが、これを「くり返し」としてまとめてしまえば、それ自体が1つの状態のように持続していると言えることだ。もちろんこれは本当の意味で持続する「状態」や「態勢」ではない。はっきり言ってしまえば、それは「擬似的な」状態にすぎない。

　しかし、点線を考えてほしい。点線はとびとびの点が並んでいるにすぎないが、点が並んでいる全体の形を見ると、1つの連続した「線」にも見える。それと同じで、くり返し行動はとびとびの行動の集まりにすぎないが、くり返される行動全体を1つのまとまりとして見ると、1つの連続した状態にも見えるのだ。

　すると、くり返し行動が単純形で語れる理由も分かってくる。くり返し行動は、

① **擬似的だが、持続している状態のように見ることができる**
② **それは現在をまたいで安定的に持続している**

とすれば、これは1つの**状態動詞**と考えてもよい。そして状態動詞はもともと単純形と相性がよいのだから、「くり返し行動」は単純形になじむことになるのだ。

> ## 「くり返し行動」の進行形

　進行形はもともと目の前の運動や行動のようすを述べるものだが、くり返し行動を進行形で言い表すこともある。

　ただしその場合は、進行形の意味の④「そのつどの状況を報告する」が影を落とすことになる。進行形グラフの、各時点から出る点線矢印が真上に向かっていたことを思い出してほしい。つまり、進行形が使われるときの目線は目の前だけに向いていて、その前後はあまり見ていないのだ。そこから当然のこととして、**「進行形は短期的な情報しか与えない」**という暗黙の発想ができあがっているのだ。

　このためくり返し行動に進行形を使うと、そのくり返しが**「最近始まった」「どれだけ続くか？」**という気持ちがその裏に読み取れる。たとえば病気が治って間もない人を見て、

　　He is going to work every day.
　　　「彼はこのところ毎日仕事に行っているね」

と言う場合、本当は本調子かどうかが心配なのだ。あるいは、

　　Is she still swimming three times a week?

「彼女はまだ週3回泳いでいるの？」

は、長続きを疑う気持ちが透けて見える。一方、

> You are drinking too much.
> 「このところ飲みすぎだぞ」

は、彼の深酒がちかごろ始まったことを言っているわけだ。

またこれとは別に、進行形の前に 'always' がつくときがある。これは「見るといつも〜している」「困ったもんだ」という気持ちを表すことが多い。

> You are always joking.
> 「冗談ばかりだね」
> He is always fussing.
> 「あいつはいつも不平ばかり言っている」

進行形に 'always' をつけると、単純に習慣を述べるだけでなく非難の気持ちが入りやすい。その点に注意しないといけない。

「裸の単純形」を用いる4つの場面

動作動詞はもともと単純形とは相性が悪いのに、英語

は２つの工夫でそれを単純形になじませたと述べた。その１つの工夫は、行動のくり返しに注目して、それをあたかも持続する状態のようにあつかうことだった。

　もう１つの手立ては、かなり日本語人には分かりにくい発想から生まれたものだ。じっさいの例から入ることにしよう。

　行動のくり返しを述べる単純形には、当然のことだが「行動の回数」などを示す言葉が入っていた。だがそのような「回数」や、「いつも〜のときは」といった言葉がまったく入っていない場合（これを「**裸の単純形**」と呼んでおこう）、動作動詞の単純形は学校で習ったものとはずいぶんちがう意味を表す。たとえば、

　　Jim **goes** to work by car.
　　　「ジムは自動車通勤している」
　　He **works** hard.
　　　「彼は働き者だ」
　　Sue **cooks** very well.
　　　「スウはとても料理上手だ」
　　Herbert **conducts** an orchestra.
　　　「ハーバートはオーケストラの指揮者だ」

　これらの文は前に見たものより単純で、むずかしい単語もない。だが学校で習った「〜する」という訳語からは、とても思いつかないような意味になっている。じっ

さいこれらの文は、どれ1つとして行動そのものを述べていない点に注目してほしい。

　先に挙げた英文は、なぜこんな意味になるのだろう。その理由はあとで述べるとして、まずこのような**裸の単純形**の訳し方をまとめてしまうことにしよう。これに関しては、木村明『英文法精解』に簡明なまとめが載っているので、それを使わせてもらうことにする[*6]。

① **人の習慣を述べる場面**
　裸の単純形は、人の行動そのものよりも、その裏にある習慣を述べる。たとえば、

　　Anne eats only vegetables.
　　　「アンは菜食主義者だ」
　　We support the Republican Party.
　　　「私たちは共和党の支持者だ」
　　She wears glasses.
　　　「彼女は眼鏡をかけている」

　これらの文で注意しなければいけないのは、「野菜を食べる」「共和党を支持する」「眼鏡をかける」といった**動作や行動そのものは問題になっていない**ことだ。じっさい、最初の文に 'always' という頻度の副詞を入れた、

　　Anne always eats only vegetables.

「アンはいつも野菜しか食べない」

は、以前に紹介したくり返し行動を述べる文になる。しかしこの文は、アンが菜食主義者だという意味にはならない。好き嫌いのせいなのか、お金がないのか、何か願をかけているのか、その理由は分からないが、とにかく毎食野菜しか食べないという行動を述べているだけなのだ。

　だがそれに対して 'always' をはずした**裸の単純形は、くり返し行動の背後にあるアンの習慣を述べているのだ**。言い換えれば、くり返し行動の原因をズバリ述べているのだ。

② **人柄を述べる場面**

　　He **doesn't get** angry about the trifle things.
　　　「あいつはつまらないことで怒るやつじゃない」
　　Mike **speaks** frankly.
　　　「マイクははっきりものを言う人です」
　　She **works** very hard.
　　　「彼女はとても勉強家だ」

　これらは、**くり返し行動の背後に透けて見える当人の人柄を述べる用法**だ。この場合も、動作そのものは問題になっていないことに注意してほしい。

　なお、習慣と人柄は紙一重のところがある。次の文は

妻（she）の浮気を疑っている夫の心中を述べたものだ。
　　Does she meet other men?

　これを文字通り「妻は私以外のいろいろな男と会っているのだろうか」とすれば習慣だが、一歩つっこんで「そういう女なのだろうか」とすれば妻の人柄について疑っていることになる。
　どちらにしてもこの種の文は人の行動でなく、人のもつ**態勢について語っていることがポイント**だ。

③ 人の能力を述べる場面
　自分では当たり前の習慣と思っているものが、他人から見ると１つの能力という場合がある。こんなときも裸の単純形の出番だ。この種の文は、たいてい「上手に」「下手に」などを表す言葉が入っており、助動詞の 'can' がなくても、「〜できる」と訳してよい。たとえば、

　　She swims like a fish.
　　　「彼女の泳ぎは魚のようだ」
　　John cooks badly.
　　　「ジョンは料理が下手だ」
　　He speaks French properly.
　　　「彼は正確なフランス語を話せる」

などだ。くり返しになるが、この種の表現はふつう、目

の前でおこなわれている行動を述べていないことに注意してほしい。

④ 人の職業を述べる場面

　日本語で職業を述べるときは、ふつう「教師」「タクシーの運転手」「キャッチャー」などの名詞を使う。しかし**英語では、動詞の裸の単純形で仕事を表すことが多い**。しかもこの種の表現は、あんがいよく使われる上に、「〜する」や「〜します」と訳すと、まったく意味が分からなくなるので注意しないといけない。

　　I **teach** math at a high school.
　　　「私は高校の数学教師です」
　　She **drives** a taxi in Tokyo.
　　　「彼女は東京でタクシーの運転手をしている」
　　He **catches** for the Yankees.
　　　「彼はヤンキースの捕手だ」

　先ほど例に出した 'She plays tennis.' もこの仲間だ。だからすぐあとでも述べるが、'She plays' には「彼女はプロだ」という含みがあるが、'She is playing' と言うとその意味は消えて、むしろ「プロではない」含みのほうが強くなる。

「裸の単純形」の作業グラフ

これらの文の意味をグラフから読み取ってみよう。そこで最後に挙げた職業の例から 'She plays tennis.' を取り上げて、そのグラフを描いてみると、図3-8のようになる。

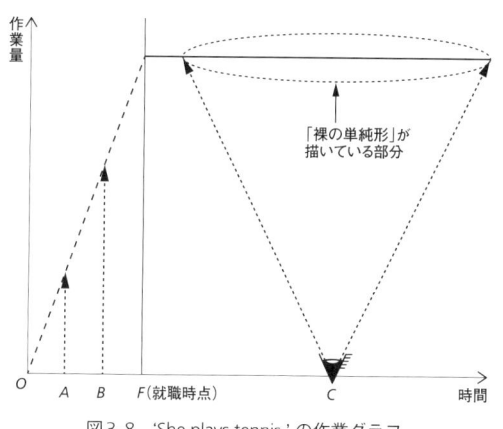

図3-8 'She plays tennis.' の作業グラフ

グラフの意味は明らかだろう。ある時点 O から、彼女はテニスプレーヤーになろうと努力を始めた。そして彼女が努力を積み重ねたようすが、右肩上がりの点線で描かれている。努力がみのって、時点 F で彼女はめでたくプロのプレーヤーになり、その後その職業を続けているようすが水平の実線で描かれているわけだ。

どの時点で 'She plays tennis.' と言えるのだろうか。

第3章 ロンドン橋は、いま「落ちている」のか？ 161

それを見るために、点 A, B, C がとってある。もちろんプロになる修業中の A, B 時点ではダメで、就職の直後でもいけない。実力不足で廃業に追い込まれるとか、プロになったとたんやめたくなったとか、そんなことがないとは言えないからだ。就職後しばらくたった C 時点になれば、彼女の職業はこのまま続くと「長い視野」で判断できるから「彼女はテニスプレーヤーだ」と言ってよいことになる。

と、このように説明してきたが、皆さんはこのグラフをどこかで見たことがないだろうか。たしかに書き入れの言葉はちがっている。しかしそれをのぞいた部分を見ると、図 3-6 で説明した**状態動詞の単純形**と**本質的に同じ**ものなのだ。

「態勢」の再登場

しかしもちろん、これにはちゃんとした理由がある。先ほど、裸の単純形の表すものを「習慣」「人柄」「能力」「職業」と分けたが、それらは、

① 人の中で継続している、「構え」「準備体制」で
② ある状況になると、一定の行動や心理を生む

ものだ。つまりこれらは、前に状態動詞の項目で述べた「態勢」と同じなのだ。そのために、裸の単純形のグラ

フは状態動詞と同じものになってしまったのだ。
　このように動作動詞の場合でも、

①　ある動作や行動がくり返される場合
②　その裏にある態勢に注目すれば

1つの状態動詞としてあつかえることになり、単純形になじませることができる。
　最後に、動作動詞の単純形の意味をまとめておこう。それは大きく分けて2つだった。

①くり返し行動を表す
　・頻度の副詞やくり返しを示す語句が入っている
　・「〜する」と訳してよい

②くり返し行動の背後にある「習慣」「人柄」「能力」「職業」を表す
　・裸の単純形が使われる
　・「〜する」と訳さない

本章のまとめ

　これまで単純形と進行形の意味を調べてきたが、皆さんは「単純形」や「進行形」という動詞の形が、「ものの見方」を意味していることが分かったと思う。だから

本章の終わりに、それをまとめておこう。

作業グラフから分かるように、英語動詞の基本的な発想は、

① 動作や行動が始まり、つみ重なり、やがて完成する段階がある
② その結果、ある一定の状態が残される段階がある

というものだ。簡単に言うと、**ものごとの動きを「開始」「中間過程」「完成」「その後の状態」という4段階で理解している**のだ。

そして、動詞には**状態動詞**と**動作動詞**という2つの種類がある。このうち、

① 動作動詞は、動作や行動の「開始」から「完成」までを述べる
② 状態動詞は、動作や行動の「完成後の状態」を述べる

という正反対のはたらきをもっている。

動詞の形について言えば、**進行形**は、

① 目の前に目線を向け
② 動作や行動の「中間過程」を見る
③ そのため、動作動詞は進行形にできる

という特徴をもつ。その一方で、状態動詞は「完成後の状態」を述べているため、進行形とは守備範囲がことなる。そのため原則として進行形にはできない[*7]。

さらに**単純形**は、

① 目の前だけでなく、過去にも未来にも目線を広げ
②「完成後の状態」を長い視野で見る
③ そのため、状態動詞は単純形で使われる

とまとめられる。ただし、動作動詞の表す動作や行動は短期的なものなので、**1つひとつの動作や行動は単純形にできない**。このため、

・「行動のくり返し」全体を1つの状態と見て、単純形で表す
・くり返し行動の裏にある「習慣」「人柄」「能力」「職業」に注目し、それを単純形で表す

といった使い方がされる。

本章の話が分かりにくかったら、「**進行形**」や「**単純形**」という動詞の形は会社の上司で、「**状態動詞**」や「**動作動詞**」はその部下と考えてほしい。

「進行形」という上司は、「動作動詞」の力を引き出すことはできるが、「状態動詞」という部下を使いこなす

ことはできない。

　その逆に「単純形」という上司は「状態動詞」の力を引き出すのが得意だ。しかし「動作動詞」とは相性がイマイチなので、「動作動詞」をある仕方で手なずけるわけだ。つまり正面から勝負せず、「動作動詞」の体面をたもったまま、実質「状態動詞」として使ってしまうのだ。このオトナの技の結果が、動作動詞の単純形というわけだ。

---

*1　状態動詞 (stative verb) と動作動詞 (dynamic verb) の区別をする学者はたくさんいる。その意味でこの区別はよく知られているのだが、どう区別するかの基準は研究者によってまちまちだ。だからその意味で、区別の内容は明確とは言えない。ここでは単純形・進行形・完了形の意味を知りたいので、その目的にとってもっとも本質的で簡明な定義を与えている *COBUILD English Grammar* 2nd ed., (Harper Collins, 2005) の考え方を採用しよう。

*2　辞書の中には、状態動詞を s、動作動詞を d のように区別してあるものがあるので参考にしたらよいだろう。

*3　じつはこのマニュアルの中に、1つ言及しなかった項目がある。それは「進行形はそのときどきの状況を報告する」という項目だ。だがこれは、あとで動詞の単純形と進行形の意味

をくらべるさい、とても大切になってくる。

＊4 進行形のグラフ図3-3では、それぞれの時点から出る矢印が真上を向いていたことを思い出してほしい。進行形を使う場合には、だいたい目の前のことだけを見ていればよいので、時点からの矢印は真上向きになる。だが単純形を使うときには、ある程度過去も現在も視野におさめていないといけないので、矢印は左右に開いた形になるのだ。

＊5 辞書で 'want' の項目を見ると、「ふつうは単純形で使うが、一時的な欲求の場合には進行形を使う」と書いてある。これも状態動詞を進行形で使う例だ。

＊6 木村明『英文法精解』(培風館、1967)。本書は品切れ中のようだが、日本語の訳語に流されず、英語そのものをしっかり見つめた名著だと思う。

＊7 状態動詞を無理やり進行形にしたときの意味は、「状態動詞は進行形にならないのか?」の項目を見てほしい。

賢い辞書の使い方③

　これまで述べたように、電子辞書の英和辞典はきわめて情報が少ない。だから英単語の意味を引くなら、ぜったい紙の英和辞典がよい。

　では電子辞書は、まったく何の役にも立たないのだろうか。そうではない。電子辞書には、紙の辞書がとうてい及ばないすごい能力がいくつかあるのだ。ただほとんどの人がその能力を知らないために、使われていないだけなのだ。

　その1つが、**例文検索**という機能だ。電子辞書の英和辞典は、単語を引くと訳語しか見せてくれず、例文はふつう画面から隠れている。だが画面には出てこなくても、辞書に載っている例文とその訳文は、ちゃんと電子辞書に入っているのだ。そしてそれを呼び出す機能が例文検索だ。

　例文検索は私たちの力強い味方だ。使い方のコツをまとめておこう。

> **例文検索は、単語1つひとつの意味は分かっても、文全体の意味が分からないときに使うとよい。**

　たとえば、

He is a **fast learner**.

という文だ。単語は分かっても、'fast learner' の意味はいまひとつはっきりしない。こんなときは例文検索の出番だ。じっさいの操作は次のようにする。

　キーボードには「一括検索」とか「複数辞書検索」というボタンがあるから、それを押す。電子辞書にはふつう 100 近い辞書が入っているが、この画面で単語を打ち込めば、その膨大な辞書の中で 1 つでもヒットすればそれを呼び出してくれる。

　複数辞書検索あるいは一括検索の画面を見ると、たいていどこかに「例文検索」という選択肢がある。その項目を選んで、例文検索の画面にする。すると単語を打ち込む窓が表示されるが、単語の意味を調べるときとちがい、この窓には単語をいくつ打ち込んでもよい。ただし**単語をいくつも打ち込むときは、そのあいだに '&' の記号を入れる**。この記号は、ふつうキーボードの右下にある。

　そこでその窓に 'fast' と 'learner' という 2 つの単語を '&' で結んで、'fast & learner' と打ち込む。そして決定キーを押す。

　この結果は皆さんの電子辞書で確かめていただきた

い。おそらくたくさんの辞書が入っている電子辞書なら、イッパツで「覚えが速い」「理解が速い」などの訳語が出てくることだろう。

例文検索は、複数の単語が組み合わさったときにどんな意味になるかを調べるものだから、紙の辞書ではいちばん調べにくいものだ。しかし電子辞書では2つか3つ（それ以上の単語を打ち込める機種もたくさんある）の単語を同時に打ち込んで調べることができるのだ。じっさい、

She **has great contempt for** him.

のような文だと、'have', 'great', 'contempt', 'for' の4つの語を '&' でつないで打ち込んでも、「ひどく軽蔑している」という結果が得られる可能性が十分ある。

皆さんはインターネットでキーワードをいくつか打ち込んで、自分の行きたいウェブサイトを調べることがあるだろう。それと同じことが電子辞書でできるのだ。この機能は電子辞書の中でも最強の機能だ。だからもし取扱説明書があれば、「例文検索」の項目はぜったいに読んでおくべきだろう。

第 4 章

「食べてしまった」は正しい訳語か?

――完了形の発想――

日本語の「彼がもどってきた」と英語の 'He came back.' では、正反対の意味になってしまう場合があります。ネイティブはどんな発想で過去形と完了形を使い分けているのでしょうか? 本章では、4つのややこしい用法をもつ完了形について、ネイティブの発想をすっきり取り出して解説します。

日本人は完了形が苦手？

　第3章では、動詞の単純形と進行形の意味を調べてみた。おそらく皆さんは、動詞の形が「上司」で動詞が「部下」という説明は初耳だったと思う。しかし英語の動詞がいろいろな形で使われ、その1つひとつがどんな意味になるかを考えると、このように考えるのがもっとも合理的なのだ。ネイティブの発想を言い表すのに、いちばん素直なやり方のように思える。

　さて本章では、**日本語人がもっとも苦手にしている「完了形」**の話をしよう。作戦はこれまでとまったく同じだ。「完了形」という上司が、どんな目で動詞という部下を見ているかを調べてゆくのだ。そしてその見方が分かれば、私たち日本語人もネイティブのココロを理解することができるだろう。

　「ずいぶん抽象的な話じゃないか」と叱られそうなので、具体的な手続きをおおよそ述べておこう。たとえば「進行形」という上司は、「動作動詞」という部下をどのように見ていたかを思い出してほしい。それは、

　　① 目の前を見る目線で
　　② 動作・行動の中間過程を

見るものだった。これと同じように「完了形」が、

① どんな目線で
②「開始」「中間過程」「完成」「その後の状態」のどの段階を

見ているのかを調べれば、「完了形」のものの見方が分かるはずだ。それを知るために、今回も作業グラフは何回か使うことになる。

結果用法のはたらき

　私たちが現在完了をむずかしいと思う理由の１つが、用法の多さだ。私は中学・高校で**完了用法、結果用法、経験用法、継続用法**とあわせて４つの用法を教えられた。

　しかしこれらが、お互いどんな関係にあるのかは教わらなかった。だから現在完了というのは、性格のちがう４人がいっしょに暮らす家庭のようなイメージがあった。

　だが現在完了の意味を調べてゆくと、それはけっしてただの寄り合い所帯ではなく、あんがいまとまりのある家庭なのだ。それを見るために、まず結果用法から見てゆこう。

　日本語人である私たちからすると、**現在完了が分かりにくい理由の１つは、単純過去とのちがいが分からないこと**だ。例えば「ガス代が上がったぞ」の英訳は、

They have raised gas prices.

だが、なぜこれを単純過去で言ってはいけないのだろうか。もしそうなら、単純過去の、

They raised gas prices.

と意味はどうちがうのだろう。

　困ったことに、学校で習う訳語の「してしまった」と「した」はそんな疑問にまったく答えてくれない。訳語通りに考えると、現在完了は値上げに対して批判的な気持ちが入っているように見えるが、英語の現在完了に批判の気持ちはまったくない。

　それだけではない。英字新聞を読んだ方は気づいただろうが、新聞の見出しは現在完了が多い。

The N.L.F. has claimed responsibility for the bombing.

は、「民族解放戦線が爆破の犯行声明」の意味だが、それに続く記事の本文は単純過去で書かれている。つまりネイティブにとって、現在完了と単純過去はきちんと区別されていて、使う場所もはっきりしているのだ。

　だが私たちが学校で習う訳語をいくら見ても、なぜ見出しは完了なのに、記事は過去なのかは分からない。だ

からここでも、いちど訳語とおさらばして、あらためて完了と過去の意味を調べることにしよう。

英語の過去形はむずかしい

過去と完了はどうちがうのか。学生の言い分をよく聞いてみると、「過去は分かるんですけど、完了が分かりません」ということが多い。つまり学生たちは、過去は分かっていると思っているのだ。

たしかに日本語の「した」という訳語は、とてもスムーズに訳語として使うことができる。そして授業で当てられても、過去は「した」と訳しておけば文句を言われることもない。だからこの点で、「した」という過去形の訳語はかなり成功しているわけだ。

だがあえて言えば、私は逆に「した」という過去形の**訳語が、完了形を分かりにくくしている張本人**だと思っている。というのは、英語の過去は日本語の過去とかなり含みがちがっているからだ。

たとえばある人があなたに、「山田さんは10年前に免許を取ったよ」と言ったとしよう。皆さんはこの日本語文から、次のどれを考えるだろう。

(A) 山田さんはまだ免許をもっている
(B) 山田さんはもう免許をもっていない
(C) どちらか分からない

おそらく (A) だろう。この文には「山田さんは免許を取ってもう10年になる」つまり「運転はベテランだ」という含みがあるからだ。このように**日本語の過去は、経歴がそのまま現在の評価につながる含みをもつことが多い**。「あいつ去年結婚したんだよ」と言えば、ふつうはまだ離婚していないと考えるし、「彼女は半年前に看護師の学校に入った」と言えば、いま看護師の勉強をしているだけでなく、将来は看護師になるのだ、とそこまで予測する人がほとんどだ。

　ところがこの常識は英語にはさほど通用しない。英語の過去はもっとドライなのだ。

　Mr. Yamada **got** a driver's license ten years ago.

という文をネイティブが聞けば、(C) と考える人も少なくないだろう。そしてひねった考えをする人なら (B) だと思うだろう。(A) を思い浮かべる人が圧倒的多数になるとは考えにくい。

　英語の過去形は、「過去にこういうことがあった」という報告以上のことはしない。よほど有利な状況がないかぎり「だから現在こうだ」という含みはないのだ。したがって、ものごとを裏から考えるのが好きな人なら、わざわざ過去はこうだったと言うのだから、現在はその逆なのだろうと思うわけだ。

過去形は「時」を指定する

　英語の過去形が日本語とちがう点はもう1つある。日本語では、会話の冒頭に「宿題やったよ」と言えば、それを聞いた人は「ついさっきだな」と勝手に想像してくれる。しかし英語では、それがそっくりそのまま通用しないと思ったほうがよい。じっさいいきなり、

　　I did my homework.

と言ったら、用心深い人なら 'When?' と訊いてくるだろう。なぜならこの文をネイティブが聞くと「過去のあるときに宿題をしたよ」という感じに聞こえてしまう。だから「なぜ時を伏せるのか」とけげんに思う人もいるわけだ。

　もちろん時をはっきりさせるといっても、厳密さには程度の差がある。おとぎ話のように 'once upon a time'（むかしむかし）くらいアバウトなものから、'in the 17th century'（17世紀には）のように100年単位でもよい。しかし英語では、過去形の文は連続して使うことが多いから、そのときの共通の時が設定されていないと、そこで話されたすべての文が関連を失ってしまう。

　だから英語の過去形の特徴をまとめると、次のようになる。

・過去の出来事を述べるが、それ以後は関知しない
・出来事のあった「時」を指定して使うことが多い

> **結果用法は、過去をダシにしていまを述べる**

　この過去形と対照的なのが完了形の結果用法だ。その特徴をまずまとめてしまうと、

・過去の出来事のために、いまどうなっているかを述べる
・過去の出来事はだいたい近い過去に起こったことだが、その「時」を指定してはいけない

となる。

　先ほどの「山田さんは10年前に免許を取ったよ」という例をもういちど考えてほしい。日本語人はこの文を聞くと、「あのとき仕事が忙しかったはずなのに、よくやったな」「どこの教習所に行ったんだろう」という**過去について思いを巡らせる**だけでなく、「あいつの車に乗せてもらおうか」「いまどんな車に乗っているんだ」という**現在の状況**も同時に考える。つまり**日本語人にとっての過去形は、過去と現在の両方の情報を伝えるもの**なのだ。

　しかしネイティブは、この2つをきっぱりと切り離してしまう。つまり、

① 過去の出来事だけを述べる言い方
② そこから生まれた現在の状況だけを述べる言い方

の2つをきっちり言い分ける。①が英語の**過去形**で、②が**完了形（結果用法）**なのだ。

ところで、完了形で「過去の出来事の『時』を指定してはいけない」のはなぜだろう。それはネイティブの「時」に対するおそろしい義理堅さのためだ。彼らの発想では、完了形は、

・いまどうなっているかを述べているのだから、「時」は現在のはずだ
・過去を表す「一月前」の語句を入れると、現在と矛盾する

と考えるので、完了形に過去時点を表す語句は入れられないのだ。

過去形と結果用法の使い分け

完了形の結果用法は、過去の出来事を引きあいに出して「現在はこうだ」という情報を伝えるものだ。

We've missed the train.

「電車に乗りおくれた」
He has come back.
　「あいつが帰ってきた」

　これらの完了形を過去形に書き直してみると、その意味がよく分かる。たとえば最初の文を、

　We missed the train.

とすると、「(そのとき) 電車に乗りおくれた」という過去の事実を述べているだけで、いま現在「困っている」「失敗したと思っている」などの含みは、完了形の表現よりも弱くなる。
　2番目の文は、「あいつは帰ってきて、いまこの町にいる」という意味だ。これを、

　He came back.

とすれば、「(そのとき) あいつは帰ってきた」という意味で、いま現在彼がこの町にいる含みはいくらか弱くなる。人によっては、この町にいないと考えてもまったくおかしくない。

> **訳し分けのテクニック**

　このように、完了形と過去形はずいぶんちがう意味をもっている。しかし先の訳文を見て分かるように、日本語では完了形も過去形も「した」という言い方になってしまう。では、それらを訳語で区別するにはどうしたらよいだろう。決定打の妙案はないが、意味の差を体感するにはこんな手がある。

- 完了文には、訳文の文末に終助詞「よ」「ぞ」をつけてみる
- 過去文には、訳文に「そのとき」「あのとき」を挿入する

たとえば、

　He has eaten lunch.
　　「彼は昼飯を食べたよ（食べたぞ）」
　He ate lunch.
　　「彼はその（あの）とき昼飯を食べた」

としてみるのだ。つまり、完了文には「よ」「ぞ」をつけて、「いま現在のことだと分かれ」と言う一方、過去文には「その（あの）とき」をつけて、「いまのことではない」と意識させるのだ。オールマイティというわけ

にはいかないが、これだけでもわれわれ日本語人には、完了形（結果用法）と過去形のちがいはかなり実感できる。ぜひ試してみてほしい。

この感覚がつかめれば、新聞の見出しが完了形なのも理解できるだろう。新聞は過去の事件をあつかってはいるが、「いま現在大切なこと」を報道しているのだから、その見出しは完了形で書かれないといけない。それに対して記事本文は、過去の出来事それ自体を正確な時間とともに述べ、それをどう意味づけるかは読者に任せている。このため本文は過去形で書かれないといけないわけだ。

結果用法の作業グラフ

さてここで 'He has eaten lunch.' を使って、完了形（結果用法）の作業グラフを描いてみよう（図4-1）。昼食を「とる」の 'eat' は動作動詞で、第3章の進行形の解説でも使ったので、皆さんももうおなじみだろう[*1]。時点 O から彼の昼食が始まり、食べ始めてから食べ終わるまでが右肩上がりの実線で示してある。昼食は時点 F で終わり、そのあとに点線が描かれている。そして時間軸上には、現在時点 P が書き入れてある。

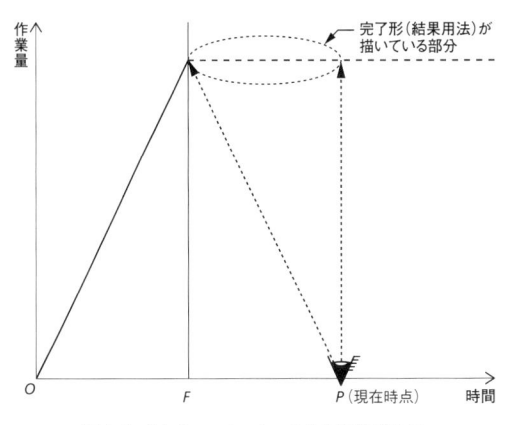

図4-1 'He has eaten lunch.' の作業グラフ

　F 以降の点線部分に注目してほしい。この部分が点線なのは、「昼食を食べる」行動が終わり、「食べる」行動がすでにないことを表す。だが食べる行動はないとしても、昼食グラフのこの点線部分には、何の情報もないのだろうか。

　そんなことはない。それどころか、「彼が昼食を終えた段階にいる」というだけで、周囲の人たちにはいろいろなことが分かる。「もう昼食には誘えない」「しかしお茶には誘えるだろう」「昼休みが終わるまで話ができる」などの情報がそうだ。

　つまりこの点線部分は、彼が昼食を終えたことでできたさまざまな状態・態勢を表しているのだ。そして 'He has eaten lunch.' という言葉でネイティブが理解してい

るのはまさにそれ、つまり行動が終わったあとの状態だ。だから完了形の結果用法は、行動が終わったあとの点線部分を述べていることになる。

結果用法が見ている期間

　グラフを完成させるにはもう1つ考えないといけないことがある。それは完了形を使う場合の「目線」だ。前章で述べたように、**進行形は「目の前を見る目線」**で行動を見ていた。それに対し**単純形は「過去にも未来にも広がる目線」**でものごとを見ていた。では完了形の目線はどんなものだろう。

　ここでヒントになるのが状態動詞の単純形だ。状態動詞は、行動の結果生まれた状態を表すものだった。つまり完了形と状態動詞は、「この後の状態」を表すという点で共通しているわけだ。だからここで、

　He has eaten lunch.（完了形）
　Tom loves Mary.（状態動詞の単純形）

の目線をくらべてみよう。

　すでに述べたように、'love' の目線は現在時点をまたいで、かなり長期間を視野におさめている。ということは、「愛している」状態が、

① これまでも長く続いてきて
② これからも長く続く

と見ているわけだ。

だが明らかに、昼食後の満腹状態はそんな長く続かない。だいたいこの状態が始まったのは、昼食を食べ終わったときだ。そしていまは満腹かもしれないが、それがこれからあとも続く保証はない。人によっては、食事後1時間ぐらいで空腹をうったえることもある。そう考えると 'have eaten' で満腹状態を表せるのは、

① 昼食を食べ終わってから
② いまの時点まで

ということになる。つまり**完了形の目線は、彼の昼飯が終わった時点から、現在時点までの広がりしかない**。その点で単純形の「長い視野」とはまったくちがっているのだ。

最後にまとめよう。いままで言ってきたことは驚くほど短い言葉でまとめられる。つまり完了形（結果用法）が述べているのは、

① **行動が終わってから**
② **現在までの点線部分**

で表される状態（態勢）だということだ。あらためて図4-1を見て確かめてほしい。

> **継続用法のはたらき**

完了形の結果用法と親戚関係にあるのが継続用法だ。この用法には次のような特徴がある。

・原則として状態動詞にしかない
・期間を表す語句が入っている
・「これまでずっと〜だ」と訳せば、ほぼ意味をとれる

日本語人にとって幸せなことに、この用法はあまり訳語についての問題がない。まずは例文をいくつか挙げ、その意味を説明することから始めよう。イタリック体の部分が、期間を表す語句だ。

They have lived here *for ten years.*
「彼らがここに住んで10年になる」
I haven't had any luck *since I was born.*
「生まれてこの方、よいことはなかった」
She has *always* hated him.
「彼女はずっと彼が嫌いだ」

訳文から分かるだろうが、**継続用法は「ある状態が（始**

まってから）いままでずっと続いている」ことを表している。そしてその期間は、'for 〜'（〜のあいだ）、'since 〜'（〜以来）、'always'（ずっと）などの副詞で表される。

継続用法と単純形のちがい

　継続用法は、原則として状態動詞にしかない。では同じ状態動詞でも、継続用法で使われる場合と、単純形で使われる場合とでどのように意味がちがうのだろう。

　一見同じように見えても、明らかにちがうのは、継続用法には期間を表す語句が入っていることだ。たとえば次の2つをくらべてみよう。

(A) He lives in Tokyo.
(B) He has lived in Tokyo *since 1950.*

　前章で述べたように、単純形には「状態が安定して続いている」という意味がある。だから(A)は彼が東京に、

・これまで、かなりの期間住んでいる
・いま現在も住んでいる
・これから先も、かなりの期間住む

と言っているわけだ。これと同じことを 'love' で示したのが前章の図3-6で、話し手の目線は現在をまたいで過

去と未来に広がっていた。しかし単純形の場合、その状態が「いつ始まったか」の情報はないし、「いつまで続くか」の情報もない。つまり**単純形は状態の始めと終わりが明示されていないのだ**。

ところが (B) はそうではない。彼が東京に住んでいる期間の情報がある。具体的に言うと、

・住み始めたのは 1950 年だ
・いま住んでいる
・これから先は分からない

というのが継続用法がもつ意味なのだ。

継続用法の作業グラフ

先の (A) と (B) をグラフでくらべてみよう。

(A) のグラフは、動詞のちがいはあるけれども図 3-6 を見てもらいたい。O から F までは、彼が東京に住もうと決めてからいろいろ行動を重ねた期間だ。そして彼は F 時点から東京に住み始め、それいらい現在時点をまたいで、さらに住み続けると考えられている。この目線で見ているのが、単純形 'He lives' が描く範囲だ。目線の広がりは、話し手がどれくらいの期間を見ているかを示しているが、きっちりとした境界があるわけではない。

これに対して (B) は図 4-2 のようになる。**継続用法の**

グラフの特徴は、目線の幅がはっきりしていることだ。継続用法が見ているのは「住む状態が始まってからいままで」つまり1950年の F から現時点の P までで、それ以降のことは問題になっていない。だから単純形のグラフと比べると、継続用法のグラフは同じ「住む」状態を見ているにしても、現在以降は描かないグラフになる。

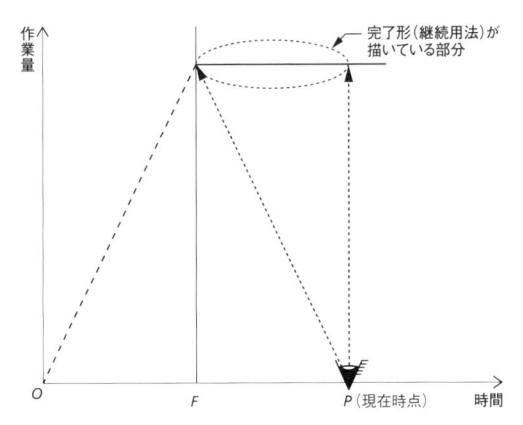

図4-2 'He has lived in Tokyo since 1950.' の作業グラフ

完了形にひそむ「中締め」の発想

　ここまで継続用法と単純形のちがいを見てきたが、今度は同じ完了形の結果用法と継続用法をくらべてみよう。図4-1（結果用法のグラフ）と図4-2（継続用法のグラフ）を並べてみてほしい。するとこの2つは、結

第4章　「食べてしまった」は正しい訳語か？

果用法が動作動詞、継続用法が状態動詞というちがいはあるが、目線の範囲は F から P までとまったく同じなのだ。

つまり両者とも描こうとしている部分は、

①行動が完成してから
②現在に至るまでの状態

とぴったり重なるのだ。ということは、**結果用法と継続用法はじつは1つのものと考えられる**。この2つの用法に共通する発想は何だろうか。それは「**中間総括**」や「**中締め**」と考えればよい。

コンパの一次会が終わって、これから二次会というときを考えてほしい。参加者の中には、明日の仕事や終電の都合で、二次会に行けない人もいるだろう。そんなとき一次会の幹事は、会計の中締めをする。つまり、現在までの収入と支出をいったん総括して、これから先は新しく会計をしなおす。もっと簡単に言ってしまえば、幹事の知りたいことは「これからあとのことはともかく、いままではこうでした」という収支情報の確認だ。

このように考えると、完了形の結果用法と継続用法は次のようにまとめられる。「**これまでのところ、こういう状態です**」という情報を、

> **point !** 動作動詞について言うのが結果用法で、
> 状態動詞について言うのが継続用法

なのだ。学校ではまったく別のものとして教わった結果と継続の用法は、じつは1つの用法にまとまってしまう。

動作動詞を継続用法で使える場面

先ほども述べたが、継続用法は原則として状態動詞にしかない。では動作動詞はぜったいに継続用法で使えないのだろうか。

結論から言うと、**動作動詞も継続用法で使うことができる**。ただそのさいは、**動作動詞の実質を捨てて、状態動詞になってもらわないといけない**。「そんなことができるのか」と思われた方は、もういちど第3章を見てほしい。

第3章では動作動詞の単純形の意味を述べたが、単純形はもともと「長い視野」でものを見るので、動作動詞とは相性がよくないと言った。しかしもともと短い期間しか続かない動作や行動でも、それが何度もくり返され、しかもその背後に「習慣」「人柄」「能力」「職業」などの態勢が見て取れるときは、それが1つの状態動詞と見なせるため、単純形で言い表せるとも述べた。

同じように**動作動詞であっても、習慣、人柄、能力、職業を表している場合には、完了形の継続用法に乗せること**

ができるのだ。

> I have driven this car *since I was 18.*
> 「18歳からこの車を運転している」
> She has *always* supported me.
> 「彼女はずっと私を支えてくれている」
> She has played regularly at Wimbledon *since she was eighteen.*
> 「彼女は18歳からずっとウィンブルドンに出場している」
> Peter has taught at this university *for twenty years.*
> 「ピーターは20年この大学で教えている」

　動作動詞は動作や行動を述べるものだが、**これらの例では、行動がずっと続いてきたとは言っていない**ことに注意してほしい。最初の例は、彼が18歳から四六時中運転しっぱなしできたというのでなく、運転**習慣**が18歳から続いてきたと言っている。2番目の例でも、彼女は「ことあるごとに」私を支えてくれた、その**人柄**がこれまでずっと変わらなかったと言いたいのだ。3番目の文は彼女のテニスプレーヤーとしての**能力**が、4番目の文はピーターの**職業**が、長く続いていることを述べているわけだ。

　このように動作動詞も、動作や行動そのものでなく、その背後の態勢を述べるときには、継続用法で使うこと

ができる。

> **完了用法のはたらき**

　次に見ていくのは完了用法だ。完了形の4つの用法のうち、おそらくいちばん最初に習うのは完了用法だろう。そしてこの用法の訳し方として、皆さんは「してしまった」と教えられたはずだ。しかしこの用法は、本当にそんな意味なのだろうか。

　完了用法は動作動詞にしかない。また 'just'（ちょうど）、'now'（いま、もう）、'already'（すでに）、'yet'（まだ）などの特徴的な副詞がついているので、形の上で見分けやすい。例を挙げよう。イタリック体が完了用法に特徴的な副詞だ。

　　He has *just* come back.
　　「彼はちょうど帰ってきたところだ」
　　I've *just* finished reading that book.
　　「その本をちょうど読み終えたところです」
　　I have *already* had my say.
　　「言いたいことはもう言った」

　訳語としては、「してしまった」よりは「した」「したところだ」のほうが日本語として分かりやすいと思う。すでに述べたように、「してしまった」は日本語として

独特の含みがあるし、「した」「したところだ」で意味は十分通じる。

　ただ、この用法の意味については注意が必要だ。というのは、たいていの文法書には「**完了用法は動作・行動がすでに終わったことを表す**」と書いてあるからだ。皆さんからは「何かおかしいの？」と質問されそうだが、これは日本語人にとってきわめて誤解を生みやすい言い方だと思う。

　以前に述べた、動作・行動の4段階を思い出してほしい。ネイティブは、動作や行動に「開始」「中間過程」「完成」「その後の状態」の4段階があると考える。くり返して言うが、**この発想こそがネイティブが動詞を使うとき、もっとも深いところに隠し持っているものだ**。

　だから彼らは「動作・行動がすでに終わった」と聞くと、「それじゃもう『その後の状態』が始まっているのだな」と考える。つまり彼らにとって「行動が終わっている」ことで大切なのは、「すでに行動が存在しない」ことではなく、**行動によって生み出された「現在の状態」がどうなっているかなのだ**。

　日本語人が誤解しているのは、まさにこの点だ。「行動がすでに終わったことを表す」という説明を聞くと、日本語人は「行動がもう存在しないこと」に意味の重点があると錯覚してしまう。しかしネイティブが見ているのは、いま現在に残された状態なのだ。

完了用法の作業グラフ

もういちど先の例文を見てほしい。それぞれの文が述べたいポイントは、明らかに現在の状態にある。最初の例は「彼はいまここにいる」ことがいちばん大切な情報だし、2番目の例は「その本の内容は分かった」ことが主眼だ。3番目の例は「いまはもう言うことはない」ことが要点だろう。**これらの例はすべて、現在の状態が情報の要点なのだ。**

このことから、'He has *just* come back.' のグラフを描くと図4-3のようになる。

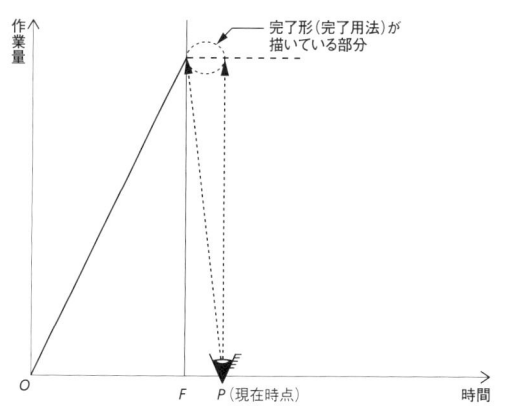

図4-3 'He has just come back.' の作業グラフ

彼は時点 O から帰宅を始め、F で家にたどりついた。

第4章 「食べてしまった」は正しい訳語か？　195

そして F から間もない現在時点は P で示してある。この文の話し手は、おそらく P に来訪者があって、「彼はちょうど帰宅したところです」と言ったのだろう。話し手は、彼が帰宅したときのことを知っているし、いま現在彼が家にいることも知っている。

　つまり話し手は、F から P までの彼のようすを知っているわけだ。だから話し手の目線は F から P まで広がっている。それを裏から言えば、'He has *just* come back.' という文が描いているのは、F から P までの点線部分にあたるわけだ。

完了用法は結果用法の特殊例

　図 4-3 を見た皆さんは、「なんだ、結果用法の図 4-1 と同じじゃないか」と思われただろう。まさにそれが正解だ。完了用法は、結果用法の現在時点 P が、行動の完成時点 F に近いというだけで、結果用法のグラフと本質的にちがうところはない。だから**完了用法は、（F と P が接近しているときの）結果用法の特殊ケース**と考えてよい。

　しかしもういちどだけ注意しておこう。多くの文法書が書いているように、「行動がすでに終わったことを表す」というだけでは、私たち日本語人は「その後の状態に情報のポイントがある」ことを理解できない。**ネイティブは、「行動がすでに終わった」と聞けば、「では現在の

状態は」と考える人たちなのだ。

　それが私たち日本語人に考え及ばない、英語ネイティブの深層に根ざす発想だ。名詞と同じく動詞でも、日本語人とネイティブのあいだには深い発想の差があると言えるだろう。

3つの用法を貫く発想

　これまで見た完了、結果、継続の3用法は「FからPまでの状態を述べる」点でまったく同じものだった。だから、ここで3つの用法の特徴をまとめておこう。残る経験用法については、本章の最後であつかうことにする。

　さて、完了形の完了・結果・継続用法はすべて、

① 行動が終わり
②そこから生じた状態について
③「いままではこうだ」

という情報を伝えるものだ。

　そして、**状態動詞は継続用法**で使われ、「ある時点からいままでその状態が続いている」の意味になる。**動作動詞は結果用法**で使われ、「その行動から生じた状態がいままで続いている」の意味になる。ただし動作動詞のうち、行動が終わってから間もない現在時点では、**完了用法**で「したところだ」の意味になる。

これが完了形3つの用法のまとめだ。

行動は「流れ」か「ダンゴ」か

ここまで動詞の単純形、進行形、完了形(完了・結果・継続)の意味を調べてきた。**これらの動詞の形には、行動を「開始」「中間過程」「完成」「その後の状態」という4段階からなる、1つの流れと見る点が共通している。**

旅を考えてほしい。出発点を発ち、旅程を経て、目的地に着き、そこで新しい状況が生まれる、そういった一連の過程ないし流れが旅だ。いままで調べた動詞の形は、その流れの一部分をそれぞれに描いていたのだ。具体的に言うと、

(A)「中間過程」を、そのつど「目の前を見る目線」で描くのが **進行形**
(B)「その後の状態」を、
・「完成点からいままでの目線」で描くのが **完了形**
・「現在をまたいだ長期的な目線」で描くのが **単純形**

だった。

これらの形はそれぞれに、行動という流れの一部分を切り取って描いていた。だが英語には、これとはちがった行動の見方がある。ここからはその見方を紹介しておこう。

これまで紹介した用法が行動を **1 つの流れ**と見ていたのに対して、これから紹介する見方は、行動をいわば **1 かたまりのダンゴ**と見る。時間の中で続いてゆく流れでなく、時間軸の上にころがっている「かたまり」と見るのだ。このように言っても何だかよく分からないだろうから、具体的な例から話を始めよう。

過去形と過去進行形

　流れとダンゴの差を直感的に理解するには、過去形と過去進行形のちがいを見るのがよいだろう。次の文をくらべてほしい。

> May **was making** the cake *this morning.*
> 「メイは今朝、そのケーキを**作っていた**」
> May **made** the cake *this morning.*
> 「メイは今朝、そのケーキを**作った**」

　この意味の差を見るために描いたグラフが、図 4-4 と図 4-5 だ。2 つとも、メイが S 時点でケーキを作り始め、F 時点でケーキを作り終えたことを示している。そしてこれは過去の出来事だから、現在時点 P はそれより右にとってある。「今朝」の時間帯は、タテの点線部分で区切られている。

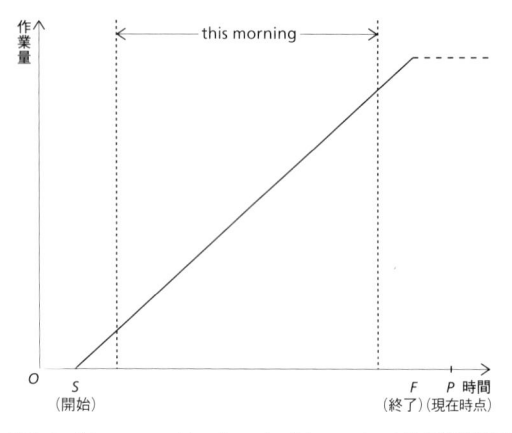

図4-4 'May was making the cake this morning.' の作業グラフ

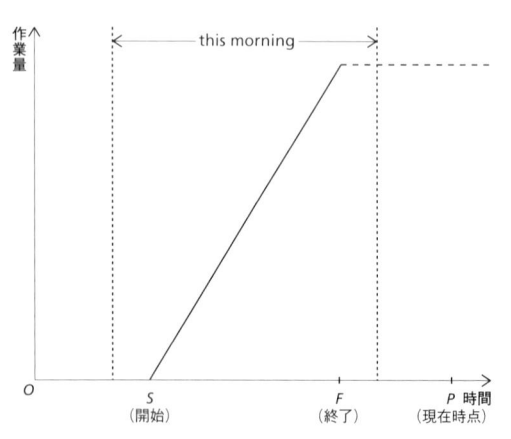

図4-5 'May made the cake this morning.' の作業グラフ

まず図 4-4 を見てほしい。この文の話し手は、メイがケーキを作り始めたときを見ていないし、作り終わったときも見ていない。その中間過程のどこかを見ただけであって、「私が今朝見たとき、メイはケーキ作りの最中でした」と言っているのだ。だからグラフでは、作り始めの S 時点と作り終わりの F 時点が 'this morning' の外側に示してある。

次に図 4-5 を見てほしい。先の過去進行形とはちがい、この話し手は、メイのケーキ作りの始めから終わりまでがすべて「今朝」の中におさまっていると言っている。ということは、話し手はメイのケーキ作り全体がどの時間帯に入るかを知っているのだ。だからこのグラフでは、S から F までのケーキ作りがすべて 'this morning' の中に入るように描いてある。

過去形には独自の情報がある

ここで、いままで調べた進行形・単純形・完了形を思い出してほしい。

She is reading the paper.

という進行形の文では、現在彼女が新聞を読んでいることは分かるが、この行動がいつ始まったかは分からないし、いつ終わるかも分からない。また、

He consults for a company.

という単純形の文も、彼が現在ある会社のコンサルタントをしていることは分かるが、その行動全体のようすは知ることができない。同様に、

Her reputation has fallen.

も、彼女の評判がいま落ちていることは分かるが、それが後世全体としてどう評価されるかは分からない。つまりこれらは、**行動のそれぞれの段階を断片として切り取って描くだけで、行動の全体像を描いているわけではなかったのだ。**

　だが、先の過去形を見てほしい。メイのケーキ作りという行動が、「開始」「中間過程」「完成」などの段階（流れ）を問わずに、1つの「かたまり」としてあつかわれており、それが「今朝」という時間帯の中に位置づけられているのだ。

「アオリスト」とは何か

　このように、

① **ある特定の行動を**

② 「中間過程」「その後の状態」などの流れを無視して
③ 全体を1つのまとまり（かたまり）として
④ ある時間帯に位置づける

という行動のあつかい方を「アオリスト」と言う。そして**英語では、アオリストは単純形で表現される**[*2]。

　おそらく皆さんは、こんなヘンな言葉は聞いたことがないだろう。アオリストは古典ギリシア語に登場する文法用語だが、その中身はいま述べた通りで、じつは私たちも日常よく使う語法なのだ。

　じっさい、私たちが過去や未来の行動を話すときは、ほとんどがアオリストを使っている。というのは、「**(過去の) いつ～した**」「**(未来の) いつ～する**」という表現は、行動を1つのかたまりとしてあつかい、それをある時点に位置づけるものだからだ。

　まずは日本語で考えると分かりやすいだろう。たとえば、

　　私は*昭和40年*に**生まれた**
　　新幹線が*1964年*に**開通した**
　　関東大震災は*大正12年9月1日*に**起こった**

などは、「私の誕生」「新幹線の開通」「大震災の発生」という過去の出来事を1つのかたまりと見て、それぞれ斜体で書かれた時点に位置づけている。これらが「過

去のアオリスト」だ。また、

> あす販売会議がある
> 来年結婚する
> 次の水曜日に遠足がある

という文では、「販売会議」「自分の結婚」「遠足」という未来の行動や出来事が、1つのかたまり（あるいは1個のモノ）として、そっくりある時点に位置づけられている。これは「未来のアオリスト」だ。

単純過去と単純未来

　英語ではどうだろうか。先ほど述べたように、英語ではアオリストを単純形で言い表すから、**過去のアオリストは単純過去で、未来のアオリストは単純未来で表現される**。そして単純過去や単純未来の文を見ると、アオリストがだんぜん多いことに気づく。

　単純過去の例から挙げよう。

> World War I ended *in 1918*.
> 「第一次世界大戦は1918年に終わった」
> The Olympic Games were held in Tokyo *in 1964*.
> 「1964年に東京でオリンピックが開かれた」
> The nurse gave the patient his medicine *at 8 a.m.*

「看護師は朝8時に患者に薬を与えた」

　最初の例では「終戦」、2番目の例では「オリンピック開催」、3番目の例では「投薬」という行動が、それぞれ1つのかたまりの「出来事ダンゴ」として、イタリック体で示された時点に位置づけられている。
　単純未来にも、アオリストはきわめて多い。

　　I will see you again *next month*.
　　「来月また君に会おう」
　　We will arrive in London *next week*.
　　「われわれは来週ロンドンに到着する」

　これらも「君との再会」や「ロンドン到着」が、それぞれ未来の時点に割り当てられているのが分かるだろう。
　ここからも明らかなように、アオリストは日常私たちがよく使う語法なのだ。

現在のアオリスト

　先の例は過去や未来の出来事をアオリストで述べたものだった。では**現在**のアオリストはあるのだろうか。
　ちょっと考えると、これはとてもむずかしいように見える。私たちは「現在」をほんの一瞬と考えてしまうし、

そんなみじかい中に行動を位置づけることは、いかにも無理のように思ってしまうからだ。だが案ずるより産むが易し、現在のアオリストは存在する。そして**現在のアオリストこそ、第3章の単純形のところで触れた「目の前の出来事を述べる単純形」**なのだ。

　なぜ現在のアオリストが可能なのか。それは、会話をしているときの「現在」は一瞬ではなく、「話し手の話が始まってから終わるまで」の幅があるからだ。

　じっさい、「いま、よい気分だ」という言葉を言い終わらないうちに話し手の顔色が青くなったりしたら、この言葉はウソになる。だが少なくとも、この言葉が終わるまで話し手が元気なら、この言葉は本当と考えてよいだろう。つまり「いま」というのは、最低限その言葉が始まってから終わるまでの時間幅があるのだ。

　だから、話し手が目の前の行動や出来事について話していて、

① **その行動や出来事が**
② **話し手の言葉が終わるまでに完成している**

という場合、その行動や出来事を「現在」に位置づけてよいことになる。

> **行動と言葉の同時進行**

　それでは、現在のアオリストはどんな場面で使われるのだろう。つい先ほど述べた条件を少し言い換えると、

　① 行動とその話が同時進行していて
　② 話が終わるまでに行動が終わる

ことになるから、そのような場面を探せばよい。こんな場面はあんがいある。たとえば授業で先生が板書しながら、

　You draw a circle round the center.
　　「この点を中心に円を描きます」

と説明する場合や、奇術師が話しながら、

　Now, I pick up this ball.
　　「はい、このボールを手に取ります」

とマジックを進めてゆく場合がそうだ。
　だが現在アオリストの多数派は、スポーツの実況中継だろう。スポーツ放送のアナウンサーは、選手のプレーを追いかけながらそれを言葉で描写するわけだが、その言葉が終わる前にプレーそのものが終わっていることが

ほとんどだろう。次の例は、野球とテニスの実況放送だ。

　　Ichiro **catches** the ball and **throws** it to second.
　　「イチロー、ボールを取ってセカンドへ」
　　She **serves** ── it's an ace.
　　「サーブした。サービス・エースです」

　これとはちがうが、行動と言葉の同時進行がよく出てくるのが、実演型のコマーシャルだ。タレントがシミを落とす実演をしながら、

　　Our ×× **removes** this stubborn stain.
　　「××は、このガンコなシミを落とします」

と言うようなケースだ。このように、**行動とそれを描写する言葉が同時進行する場合には現在アオリストはふつうに使われる**。それが「目の前のことを述べる単純形」の代表例だ。

遂行動詞とは？

　現在アオリストのもう1つの代表は、言語哲学者のJ・L・オースティンが提唱した**遂行動詞**（performative verb）だ。実例で説明しよう。

I name this ship the Queen Elizabeth.
「本船をクイーン・エリザベス号と命名する」
I swear it, on the Bible.
「聖書にかけて誓います」

　船の命名式で言われる最初の例では、'name' という動詞を含む文を言うことで「命名」という行為が成り立つし、2番目の例でも 'swear' という動詞を含む文を言うことで「宣誓」という行為が成立する。これらのように、**その動詞を含む文を言うことで、その動詞の意味する行為がおこなわれる、そのような動詞をオースティンは遂行動詞と呼んだ。**

　命名の例を見れば分かるように、命名という行動はこの文を言い始めたときに始まり、この文を言い終わったときに完成する。宣誓という行動も同じだ。つまり**それらの行動は「現在」の中にきれいにおさまっているのだ。**だからまさに、命名や宣誓という行動は、アオリストで書かないといけない。

　同じような例をあと2つ出しておこう。

I declare the meeting open.
「開会を宣言いたします」
I apologize for making you wait.
「お待たせして申し訳ありません」

第4章　「食べてしまった」は正しい訳語か？

「ダンゴ」の効用

アオリストの例をたくさん述べたので、行動を「流れ」でなく１かたまりの「ダンゴ」と見る見方も、それなりに便利なものだと感じていただけたと思う。だがここではもう一歩つっこんで、「ダンゴ」的な見方が生活に欠かせないことを述べておこう。

[効用の 1]
ダンゴ的な見方は、行動の全体をあつかうことができる。
皆さんは手帳にこれからの予定やこれまであったことを書き入れ、自分の行動を整理していることと思う。だがもし、行動を「ダンゴ」というかたまりで見る見方がなかったら、手帳をつけることができるだろうか。

たとえば私たちは、「8月2日、○○の結婚式」などと手帳に予定を書き込む。だがこれができるのは、まさにアオリストがあるからだ。

進行形は、あるときの行動の断片しか示せないから、「8月2日の12時には結婚式は準備中だ」「同日13時には結婚式は挙行中だ」などのことは言えても、結婚式全体のことは分からない。

完了形にしても同じで、「8月2日の14時には、結婚式は終わっている」「同日16時には披露宴もお開きになっている」などの断片情報は記せるが、やはり結婚式全体の話はできない。

つまり、行動を「流れ」と見る見方は、そのつどの断片的な情報を与えてはくれるけれど、**行動全体のことは教えてくれないのだ**。だからもし行動を「ダンゴ」と見る見方がなかったら、私たちは手帳に出来事を記入できないのだ。

[効用の 2]
　アオリストは「ある出来事が、これこれの時にあった（ある）」という形で行動の「時」を教えてくれる。つまり、**私たちはそれを使って行動や出来事の「年表」を作ることができるのだ**。いろいろな行動を一覧表に整理することができると言い換えてもよい。
　その結果、「Aに金を借りて3ヶ月たってしまった」「卒業式の前日は、Bと会って祝賀会をしていた」「販売会議が3日だから、グループミーティングは1日にしないといけない」など、行動どうしの関係を整理できる。
　もちろんこの種の年表には、日（にち）単位のものもあるし、もっと長い目のものもある。「今月末には原稿を書き上げる」「次の四半期の業績を10%向上させる」「5年後に新しい会社を立ち上げる」などなどだが、これらはすべてアオリストで書かれる。**行動の整理には「ダンゴ」的見方が欠かせないのだ**。

[効用の 3]
　アオリストは、ある特定の行動がいつあったかを述べ

るものだ。だからそこであつかうのは、原則として1回の行動だ。だがそれがくり返されると、**行動の回数を数えられるようになる。**

　たとえば今年の手帳を開いて、「会食」と書いてある日をひろってみる。そしてその回数を数えれば、今年何回会食したかが分かるわけだ。このように同じ種類の行動の数を数えられることは、生活をいとなむ上でとても大切だ。なぜならこれによって、統計的な知識ができてくるからだ。

　「ハチが低いところに巣を作ると大嵐が来る」などの言い伝えや、伝統的な料理法なども統計的な知識をもとにしたものだろう。また短期的に見ても、「会食が多すぎるから、もっと減らそう」「学校に行く日が少ない。出席は大丈夫か」「このところあの部署との交流が減っている」などの情報も、行動の回数を数えることから出発している。

　生活に欠かせない統計の基礎には、アオリストという行動の「ダンゴ」的な理解があるのだ。

経験用法のはたらき

　さて本章の最後に、完了の経験用法を取り上げよう。これまで調べてきた完了・結果・継続用法は、**行動の完成時点 F から、現在時点 P までの状態を述べるもの**で、F 以降継続している状態が情報の中心だった。

だがこれに対して経験用法は、

① 現在までの時点で
② ある種の行動や出来事が、あったか、なかったか
③ あったとすれば、何回あったか

を述べるものだ。いままでの完了形とちがって、**状態ではなく行動・出来事が主題になっている**点に注目したい。

幸いなことに、この用法は「これまで〇回〜した（ことがある）」と訳せばまず間違いがない。まずは例を見よう。なお、この用法には回数を表す言葉が入っているのがふつうなので、それらはイタリック体で示す。

I've seen him *once or twice* near here.
　「この辺で彼を1、2度見かけたことがある」
They have visited Paris *as often as ten times*.
　「彼らは10回もパリを訪れている」

経験用法は異質の存在

経験用法は、完了形の中では異質の存在だ。その理由は2つある。

第1に、**状態でなく行動・出来事そのものを描いている**ことだ。完了形のその他の用法は、「行動が終わったあとどうなっているか」が問題だった。だがいま挙げた例

を見てほしい。最初の例では、「見かける」という出来事があったことが情報の中心で、「見かけたあとどんな状態が残ったか」は問題になっていない。次の例もそうだ。この文は彼らが「パリを訪れる」**行動**を何回もしていることがテーマになっていて、「パリを訪れたあと、どんな状態が生まれたか」はどうでもよいことだ[*3]。

ここでもういちど図4-1から図4-3までを見なおしてほしい。これらの用法が F から P までの状態部分に注目していたのに対して、経験用法が注目しているのはそこではない。むしろ「行動」「出来事」の部分、つまり O から F までの**右肩上がりの部分**なのだ。経験用法は、他の用法が相手にしていなかった F 以前の部分を問題にしている。

経験用法が異質なもう1つの点は、行動の回数を問題にしていることだ。行動の回数を数えるということは、行動をアオリストの目でとらえているということだ。これまでの完了（完了・結果・継続）は行動を「流れ」の目で見て、行動が終わったあとの状態を描いていた。だが**経験用法だけは、行動を「ダンゴ」の目で見ている**のだ。

「流れ」と「ダンゴ」が同居する

経験用法が異質なのはよいとしても、なぜこんなヘンな用法が完了形に入っているのだろうか。

その理由の1つは、**経験用法も「中締め」の発想をもっている**ためだ。完了形の用法の共通点は、「中締めとして結論を出しましょう」という点にある。経験用法もその点は同じで、

> His dog **has bitten** five people *in the last two years.*
> 「彼のイヌは、この2年で5人に嚙みついている」
> She **has told** you *a thousand times* not to do that.
> 「そうするなと彼女は何度も君に言った」

などの例を見れば分かるように、**経験用法でも「これまでの実績報告」がポイントとなるのだ。**
　つまり、このイヌがこれからどんな生涯を送るかは分からないし、彼女がこれからも忠告を続けるかどうかも分からない。経験用法が述べているのは、あくまで現在までの実績であって、これからどうなるかはいっさい触れることがない。この点で経験用法は、完了形のその他の用法と同じ発想をもっている。
　しかしその一方で**経験用法は、ある種の行動や出来事がこれまで何度あったかも描いている**。すでに述べたように、それは行動や出来事を「ダンゴ」として見ているためだった。その見方をとることで、これまでの完了形にない新しい情報、具体的に言うと、同じ種類の行動や出来事がこれまで何度あったかの統計的な情報が得られる。

そこでちょっと想像力をふくらませてみよう。この経験用法を利用して、自分が「この種のことはいままで何回しました」というリストを作るとする。「アメリカへの渡航は2回」「人命救助は1回」「町内会の委員は3回」などとデータを集めて、それを1つの表にしたと仮定する。それらを「現在までの実績」としてまとめれば、自分のキャリアを語る履歴書になるだろう。つまり**経験用法で語られることは、すべて自分の履歴書の一部と考えられる**のだ。

　経験用法には「中締め」の発想と、行動を「ダンゴ」として整理する発想が同居している。それらが結びついて生まれる情報を一言で言えば、もっとも直接的なものが「履歴書の項目」なのだ。

　ところが経験用法が作る履歴書には「時」がない。なぜかというと、現在完了という形をとっている以上、過去の時を表す語句は入れられないからだ。前にも言ったが、過去の時を表す言葉を入れようとしたら、その文は過去形にしないといけない。だから経験用法の作る履歴書には、「こういうことは何回しました」と**回数**は書き入れられても、それをした**時**は書き入れられないのだ。

　だから**経験用法のココロを一言でまとめるならば、それは「時のない履歴書」を作る**ことなのだ。

*1 第3章の「はたらきを補い合う関係」の項目で掲げた表を、もういちど見てほしい。完了形の結果用法は、動作動詞にしか存在しない。その理由はちゃんと説明できるのだが、このあとで完了形の継続用法をあつかう中で説明したいので、それまで待ってほしい。

*2 アオリストを表現する動詞の形は、言語によってちがう。たとえばラテン語では、過去のアオリストは完了形で言い表す。

*3 ここでは動作動詞の経験用法を中心的に見ていくが、経験用法は状態動詞にもある。学校でおなじみの 'I have been to America before.' 'He has never been sick.' などの例だ。しかし状態動詞の経験用法は 'be' および 'see', 'hear' などの感覚動詞がほとんどだと思われる。そのためここでは、完了・結果・継続用法とのちがいをはっきりと見るために、動作動詞を中心に調べてゆく。

あとがきに代えて
――もし日本語が国際語だったなら――

「英語は国際語だ」とよく言われるが、皆さんは日本語が国際語になったときのことを考えたことがあるだろうか。私たちは英語が国際語だと信じているから、自分たちの言葉が国際語になることなど考えたこともないだろう。

しかしあえて、ここでその想像をしてみよう。国連総会の演説も、宇宙飛行士のやりとりも、航海している船の通信も、いろいろな学会の雑誌も、すべて日本語が標準になったと考えてみるのだ。そんなときに何が起こるか考えてみてほしい。

まず考えられるのは、**方言を使う人は日本語人と見なされなくなる**ことだ。訛(なま)りの強い方言は、日本の中では方言で通用するけれど、国際語となると話は別だ。国際語は、世界中の人たちが学ぶ言葉なのだ。そんなときに世界の人びとに、日本のいくつもある方言を全部マスターしろと言うことはできない。だからあまりに特徴がありすぎる方言は、国際語としての日本語からははずされるだろう。

次に、**「日本語を勉強するのなら、日本文化を学びましょう」という教育は成り立たなくなる。**

世界には、気候や風土のちがう国々がたくさんある。雪を

知らない国民もいるし、桜を知らない国民もいる。そんな国の人たちが、雪や桜や、それにまつわる日本文化まで知らなければ日本語が使えないとなったら、日本語をマスターできる人はほとんどいなくなる。そしてそのとき、日本語はもはや国際語としては生きていないだろう。

　さらに、**発音の規準がずいぶんゆるやかになるだろう**。言葉の発音は子どものころに慣れてしまうと、まったくちがった発音体系を学ぶのはむずかしくなる。

　しかし国際語となると、世界中の人たちがその発音を勉強する。当然、日本語の発音体系とはまったくちがった言語に慣れてきた人もいるはずだ。そんな人の発音を、いちいち訂正する必要もないし費用もないだろう。要は「発音はどうあれ、話が通じればよい」のが国際語なのだ。

　そこで皆さんは夢から覚めて、英語が国際語だという現実にもどってほしい。英語が国際語だといっても、国際語である以上いままで述べたような条件をクリヤーしなければいけないのだ。そのように考えると、

①**英語や米語の方言など知る必要はない**
むしろ、英語の標準と考えられている英語だけを勉強すればよい。

②**英米の文化を勉強する必要はない**
たとえば日本人とベトナム人が英語で会話するとき、イギリスやアメリカの文化を知っている必要があるだろうか。もしそんな必要があったら、英語は国際語として失格になってしまう。

③**発音は最低限分かればよい**
ブリティシュやアメリカンの発音の達人になる必要はない。世界中の人たちが、みな英語の発音をうまくできるわけがないのだ。ただ国際語である以上、世界中の人たちと分かり合える最低限の発音だけは習っておくべきだ。

　国際語を学ぶときに必要のないものを挙げてみた。そして私自身も、そのようなものを本気で勉強する気はない。
　だが国際語であるからこそ、勉強しなければならない事項もある。かつてのラテン語がそうだったが、国際語はそのときどきの最高の知識を世界に発信する言葉なのだ。だからその

高級な内容を理解できなければ、国際語を知っている価値はないはずだ。

　私は、日本語人が国際英語を理解する力は十分あると思う。ただ日本語人は「学校英語」にとらわれすぎて、英語をあまりに日本語化して理解しようとしているとも思う。もしそれを脱却してネイティブの発想そのものを理解できれば、日本語人の英語力はずいぶん向上するだろう。

　そんな願いを「逆転」という言葉にこめて、この本を書いてみた。皆さんのお役に立てば幸いだ。

　最後に、つねに冷静な善意の第三者として執筆を支えてくださった、NHK出版の粕谷昭大氏にふかく感謝いたします。

2014年9月
伊藤笏康

校閲	FULFORD ENTERPRISES, LTD
	鶴田万里子
図表作成	原 清人
DTP	佐藤裕久

伊藤笏康 いとう・しゃっこう
1948年、東京都生まれ。聖徳大学文学科教授。
専門は言語学、科学哲学。
東京大学農学部卒業後、同大学院理学系研究科満期退学。
「言葉が分かる」ということの意味をつきつめ、
ネイティブの発想を可視化することを目指す。
おもな著書に『人間に何が分かるか』(勁草書房)、
『言葉と発想』(放送大学教育振興会)など。

NHK出版新書 445

逆転の英文法
ネイティブの発想を解きあかす

2014年10月10日　第1刷発行
2022年 8月15日　第3刷発行

著者	伊藤笏康 ©2014 Ito Shakko
発行者	土井成紀
発行所	NHK出版
	〒150-8081東京都渋谷区宇田川町41-1
	電話 (0570)009-321(問い合わせ) (0570)000-321(注文)
	https://www.nhk-book.co.jp(ホームページ)
	振替 00110-1-49701
ブックデザイン	albireo
印刷	新藤慶昌堂・近代美術
製本	藤田製本

本書の無断複写(コピー、スキャン、デジタル化など)は、
著作権法上の例外を除き、著作権侵害となります。
落丁・乱丁本はお取り替えいたします。定価はカバーに表示してあります。
Printed in Japan ISBN978-4-14-088445-4 C0282

NHK出版新書好評既刊

逆転の英文法
ネイティブの発想を解きあかす
伊藤笏康

お決まりの和訳から距離をおき、発想ごと逆転させよう。すると英語の本質はおのずと見えてくる！楽しみながら通読できる、新感覚の英文法書。

445

日清・日露戦争をどう見るか
近代日本と朝鮮半島・中国
原朗

日清・日露の本質はどこか。朝鮮半島・中国との関係を中心に近代日本の戦争を大胆に読み直す。日中韓の歴史問題の原点が理解できる一冊！

444

媚びない力
杉良太郎

下積み時代の屈辱の体験、芸能界の荒波を乗り切る知恵、福祉活動の真実……芸能界デビュー50年を期に、媚びずに生きる術を説く。

443

日本霊性論
内田樹 釈徹宗

東日本大震災後、問い直された日本人の宗教性。思想家・武道家の内田氏と僧侶・宗教学者の釈氏が、各々信ずる道から「こころ」の問題を論じる。

442

人生に迷わない36の極意
プロフェッショナル 仕事の流儀
NHK「プロフェッショナル」制作班

イチロー、井山裕太、宮崎駿……彼らはどうやって一流になったのか？自らを奮い立たせた珠玉の言葉を紹介。人生を切り拓く、極意とヒント！

441